JN254882

海と空の小学校から

学びとケアをつなぐ教育実践

自尊感情を育むカリキュラム・マネジメント

沖縄 八重山学びのゆいまーる研究会
村上呂里／山口剛史／辻 雄二／望月道浩

明石書店

序

石垣市立八島小学校　校長　宮良永秀

　満面の笑み、雄弁家の辻雄二先生が八重山教育事務所を訪ねて来られたのは今から 10 年前のことでした。私は辻先生に離島地域の教員には研修の機会が限られていることや離島の小規模校では教員の学び合いが困難で一人で授業づくりに奮闘する教員がいることなど厳しい現実を話しました。すると辻先生は、琉球大学はこれから離島地域の公立学校の先生方の授業力向上を図るために共同研究をしていきたい。ついては共同研究する小学校を紹介してほしい趣旨のお話をされました。実はその前年度 2007（平成 19）年 4 月に全国学力・学習状況調査が実施され、沖縄県は全国最下位となり八重山地区の学校も厳しい結果となっていました。沖縄県全体が学力向上の取り組みを大きく見直す動きがあり、八重山教育事務所も管内小中学校の先生方の授業力向上のために新たな取り組みが求められていた時でした。私は共同研究校として八島小学校を紹介しました。八島小学校には大濱民江校長を中心に情熱溢れる先生方と学校教育に対して熱心な保護者や地域の人々がいたからです。

　2009（平成 21）年度から琉球大学教育学部と八島小学校の共同研究が始まりました。その後共同研究は人事異動等で八島小学校教員の入れ替わりがありましたが琉球大学の先生方の支えのお蔭で 9 年間継続することができました。校長は大濱民江先生から國吉長秀先生、吉濱剛先生へと引き継がれ現在に至っています。この共同研究の大きな特色は大学の先生方が指導助言者の立場だけでなく、小学校教員と同じ研究仲間として子どもの豊かな学びと健やかな育ちを願って授業づくりや授業改善に取り組んでいただいたことです。

　この書には大学の先生方の理論と小学校教員の豊かな実践記録が収められています。共同研究に関わっていただいた琉球大学の先生方に心から感謝を申し上げます。また、共同研究を支えていただいたすべての皆様にお礼申し上げます。

　いま学校は新学習指導要領に向けて「主体的・対話的で深い学び」の実現に向けた授業改善が求められています。一方で学力向上推進として先進的な授業内容の共有や学習過程のスタンダード化の取り組みが一層進んでいます。

　これから先どのような状況にあっても八島小学校は、地域に根ざした特色ある教育活動を継続して子どもの自尊感情を育む豊かな学びと学力の保障を目指していきます。そして共同研究の精神を受け継ぎ八島小学校の教師文化を大切にしていきたいと考えています。

プロローグ

いつも夢中で池の魚や木の虫と遊んでいる1年生の翔さん。
風のようにやってきて、
愛くるしい瞳で周りを翔ワールドに引き込みます。

　ベトナムから日本の教育視察ということでお客様がいらしたときは大張り切りでした。教室の本棚をてっぺんまで一気によじのぼり、天井からお客様に向けて色とりどりの紙テープをパッと投げてみせます。その後、天井からすばやく降りてきて、漢字紙芝居をしている担任のひなこ先生の首に巻き付いてみんなの方をそっと見ます。ひなこ先生は翔さんをしっかり抱き取りつつ、いささかも動じず紙芝居をつづけます。

　クラスのみんなは「もう、翔ぅ」と言いながら紙芝居に集中……。
　ベトナムからのお客様は、「まるで窓ぎわのトットちゃんみたい！」と目を白黒されていました。黒柳徹子『窓ぎわのトットちゃん』（講談社、1981年）はベトナム語でも翻訳され、広く親しまれているのです。

　すべての子どもたちに「学びの場に居場所を」と願うひなこ先生は、翔さんのことが大好きです。他の先生もお友だちも翔さんの魅力を存分に感じています。だけど「どうしたら教室での学びに参加してくれるのだろう？」……、ひなこ先生も他の先生方も大らかに悩みつづけていました。

　ある日のことです。
　翔さんはイカが大好きです。一人、新聞紙でイカを作っていました。理科専科のかずき先生も個人的にイカが大好きでした。かずき先生は翔さんに、「作り方を教えてほしい」とお願いして図書館で教えてもらうことにしました。二人だけで作ったイカを見て、周りの子どもたちが「作ってみたい！」「どうやって作るの？」とわいわいがやがや取り巻きます。ひなこ先生とかずき先生は相談しあい、翔さんに教室で「先生」になってもらい、みんなで新聞紙のイカ作りに取り組むことにしました。

　「あのさ、ここを……」──、一生懸命生き生きと教えてくれる翔さんに習ってみんな上手にイカを作ることができたのでした。

　「すごい、翔！」──教室でイカ作りの「先生」となった翔さんは、とても誇らしげです。

翔^{かける}と仲よしの風人は、友だちとよくけんかをしてしまいます。けんかをした後、学校で飼っているにわとりを抱きしめると落ち着きます。

　——日々、悩みは尽きません。毎日、答えのない問いや葛藤に遭遇します。すぐに答えなど見つかりっこありません。

　それでも、生き物、木や花々、子どもたち同士、先生、地域の人びと、そして海と空……、〈多様ないのちのつながりの中で育まれる輝き〉を求めて、今日という日がまた始まります。

　　海と空のもと、
　　　〈いのち〉が根源的に抱え込んだ輝きも切なさも
　　　　まるごと包みこまれた学校で——。

＊本書に登場する子どもと教諭の名前は、原則としてすべて仮名です。

海と空の小学校から

学びとケアをつなぐ教育実践

──自尊感情を育むカリキュラム・マネジメント──

目　次

はじめに

　ほんとうは支え合いたい、助け合いたい——、互いに競わされたり排除したりされたくはない……格差と貧困が広がる社会で、そんな真底からの願いがふつふつと湧き起こり、広がっています。

　本書は、海と空にひらかれた離島にある八島小学校と琉球大学との9年間（2009年より）にわたる共同研究にもとづき、互いに支え合う社会への再編を展望し、共感的知性を育む学び＝「ケアリングとしての学び」を提案します。

　ケアリングという言葉と似た言葉が、琉球列島には今も生きています。「ゆい（結）まーる」です。「島痛み」と称される苦悩の歴史を、互いに助け合い支え合うことによってのりこえようと培われてきた思想を、この言葉に見ることができます。琉球列島の自然・歴史・文化を足場として、ゆいまーる思想は鍛えられてきました。「学びの場」においても、ゆいまーるの思想を具現し、全国に発信することを願い、本書を編みました。

　海と空にひらかれた島から、多様な命のつながりを紡ぎ、支え合うための学びの創造実践の足あとを届けます。

（1）本書の背景と目的

　沖縄県では喫緊の最重要課題として子どもの貧困問題がつきつけられています。加藤彰彦は「子どもの貧困対策　『沖縄モデル』とこれから」（『沖縄子どもの貧困白書』かもがわ出版、2017年所収）において官民協働による子どもの貧困対策への提言を示し、その基本的立脚点として「命ある存在は、ほかの命とつながり、ともに生きていくことでしか生きのびることはできません」と述べています。根源的な提起です。

　学校現場では「主体的・対話的で深い学び」や、多様性を包摂するインクルーシブ教育のための授業改革が全国的に推奨され、一人ひとりの子どもの個性や課題意識に寄り添う授業改革がより一層求められるようになりました。一方で、目に見える数値で一律に多様な学校や教室が測られる全国学力・学習状況調査体制のもと、さまざまな困難を抱える地域や学校の先生方にとって、一人ひとり多様な子どもたちの発達基盤＝「学びの土台」への丁寧なまなざしを注ぐ心身の余裕を保つことは決して容易ではありません。「命のつながり」から遠ざけられるのではなく、多様な「命のつながり」を紡ぐ学びの文化をどうつくるか、切実に問われています。

　中長期的な展望において貧困問題を解決するためには、学力保障は必須の課題です。沖縄の歴史的構造的矛盾に起因する貧困問題と学力問題をつなげて考える回路を手ずから見出し、子どもたちの未来への希望＝平和で支え合う社会への展望を切り拓かなければな

りません。「ほかの命とつながり、ともに生きていく」ことを実感でき、自他を大切にする知性を育む〈学びの質〉の保障に取り組むことによってこそ、その回路はひらかれるでしょう。そのためには、内外の教育実践史や学習理論に真摯に学び、不易流行を見据える教育実践力を蓄えることが大切です。こうして足腰を鍛えてこそ、目の前の固有名詞を持つ子どもたちへの願いをもとに、〈生きる意味〉を支え、豊かにする学びの文化がつくられていくでしょう。

　このような課題意識のもと私たちは、貧困問題と学力問題をつなげて考える回路を求め、実践研究を積み重ねました。そうして辿り着いたのが、共感的知性を育む＝「ケアリングとしての学び」という地平なのです。「ケア（care）」とは、ゲルマン系の語であり、語源的には「心配」「悲しみ」「叫ぶ」という意味であり、「何か悲しくなるものを見たとき、声をあげんばかりに心から心配している（自分の気持ちがその方向に向いていること）」を意味するといいます[1]。貧困問題や学力問題の重層的な矛盾に苦悩する地域の子どもたちや教師にとって切実で肌身に求められる概念です。ケアをめぐる議論を辿るうちに、ケアと知性とは切り離せないことが見えてきました（詳しくは、第1章第1節4をご覧ください）。

　ケア（徳育）と学び（知育）は二項並列（ときに対立）的にとらえられがちです。あるいはケアは福祉の場で、学びは学校でととらえられます。ケアを掲げることは、学びや知の質的向上につながらないのでしょうか。本書は、格差が広がる社会から支え合う社会への希望をこめ、実践研究に基づき、ケアと学びを二元的にとらえるのではなく、〈ケアと学び〉を統合する地平をひらくことを目的とします。

（2）共同研究の原点

　琉球大学チーム（代表　山口剛史）は、直接的には2007年に始まった全国学力・学習状況調査において「沖縄県、全教科全国最下位」とセンセーショナルに報道されたことをきっかけとし、「授業力向上」に向けた共同研究をスタートさせました（第4章第2節の「共同研究の歩み」参照）。関わるうちに、本校の子どもたちの助け合い、面倒を見合う優しさや、地域にどっしりと根ざし、地域の方々と共に子どもを育もうとされる先生方の真摯な姿勢や温かさと出会い、地域の教員養成を担う当事者としてかけがえのない学びを積み重ねました。そして海と空にひらかれた〈場〉に根ざして生まれる子どもたちの学びの可能性に魅入られ、「豊かな学び」を地域の方や先生方と共同で創ることに夢中になりました。

　とりわけ深く心を揺さぶられたのは、本校に寄せる地域の方々の思いの深さです。八島小学校の玄関には、創立のときに寄贈された地域の方々の願いのこもった手作りのハーリー船が飾られています（図1）。このハーリー船には、明治30年代から第二次世界大戦後にかけて、離島や僻地の厳しい生活困窮を背景としてこの地域に移住し、筆舌に尽くしがたいとされる苦労を経て生活を切り拓いてこられた方々の子どもたちへの願いがこめられています。

　父の世代にこの地域に移住し、八島小学校にお孫さんがいる海人の方（70歳代）は、つぎのようにその苦労の一端を語っておられます。

　　物心ついたときから、「一枚板の下は　地獄」（くり舟の底の下は地獄）とよく言われた。海で亡くなった人も多い。「ひじゅるむぬん　ぬーせんなー。うみんちゅもにんじんやみぃ（冷や飯も飯か、海人も人間か）」という言葉があるよ。

　もぐり漁師としての父の苦労を見ながら育ち、自身も14歳で海人になる決心をし、その後、幾多の困難をのりこえて子どもたちを育ててこられました。そして、海人の「心の中心」は「ハーリー」だと語ります。「ハーリー」とは、爬龍船を漕ぎ、競い合う、航海の安全や豊漁を祈願する祭りです。「海への畏れ」に発する切なる祈りの場です。お家に伺った際には、ご自身が若い頃出演したハーリーのTVドキュメント番組、家に飾ってある珊瑚（図2）、ご

図1　校門前のハーリー船

自身が作ったハーリー船の模型（図3）を誇らしげに見せてくださいました。

　「海人（うみんちゅ）」の文字は、今日、観光ブランドとしてもてはやされます。そこに、海の厳しさと日々対峙し、文字通り命を賭けて海の恵みをいただき、「海への畏れ」を抱きながら苛酷な環境を生き抜き、子どもたちを育て上げてきた人びとの歴史と文化の尊厳があることを忘れてはなりません。そのことを、私たちは深く胸に刻んだのでした。

　同じく本校児童の祖父で海人の大嶺武弘さん（70歳代）は、「海はね、怖い」と言い切ったあと、表情をやわらげてしみじみと、「だけどね、優しいんだよ」と孫に語りかけられました（第2章第2節【実践10】参照）。海は、一瞬のうちに命をのみこむ恐ろしさを潜めています。なお、その厳しい生態系の摂理をも含めてあらゆる命を受け容れ、包みこんでいます。そしてその恵みは、この地域の人びとの生活を支えてきました。

図2　飾ってある珊瑚

　海と空にひらかれた学校——それは都会に住む人びとがユートピア的に描く像とは異なります。「海と空にひらかれた学校」の原点には、海の厳しさと恵みの双方に深い畏れを抱き、日々命を賭けて向き合ってこ

図3　ハーリー船の模型

られた地域の方々の誇りと次世代を担う子どもたちの幸せへの切なる願いがあるのです。

（3）本書の内容

本研究ではまず、〈ケアと学び〉を統合する地平をひらこうとする学びの文化づくりに取り組みました。第1章は、そこに至る理論的探究の足あと（第1節と第2節）と、学びの文化づくりの過程で生まれた記念碑的な実践記録（第3節）からなります。第1節は少し難しく感じられるかもしれません。第2節・第3節からでもぜひお読みください。

第2章第1節は、地域のプラットホームたる学校をめざし、前校長の吉濱剛が渾身の力をこめたカリキュラム・マネジメントの実践記録です。学校文化からかつては疎外されてきた地域の海人文化を、学校文化の中核に据えることにより、子どもたちの自尊感情育成を願った実践記録として、日本の教育実践史においても特筆されるべきものといえるでしょう。学校内に設置された「海の学習館」が、単に海にかかわる道具や文化などの学習材の展示だけではなく、「海の学習」の学びの足あとの展示となっているところに、子どもの学びを中心に据えた「学びの足あと」としてのカリキュラム観が指し示されています。第2節は、「海の学習館」へと結実していく実践記録からなります。

第3章は、読書文化づくりについてです。学びの文化づくりにおいて直面したのは、離島ゆえの、そして歴史的事情ゆえの家庭や地域による読書環境の格差です。

イギリスでは、①多様な文化的背景の（＝学校文化になじみにくい）子どもが増えていること、②家庭の経済格差による読書環境の差が大きいことを背景に、2005 〜 2011 年にかけ、教育改革の中心に「読書力向上プロジェクト（Power of Reading Project）」が据えられました[2]。これらの課題は、本校が直面した課題とも共通します。貧困問題が厳しいロンドンのある小学校では、朝食をすませてこない児童のために食事を常備するなどの多面的なケアとともに、ソファに座っての読書コーナーはじめ廊下の隅などあちこちに児童図書を配置し、クリスマスにはひとり一冊の本を学校がプレゼントするなど地道な努力が積まれているそうです。このプロジェクトでは、児童文学のパワーを最大限に活用し、子どもたちの読み書き能力（リテラシー）保障をめざしているとのことです。本研究では、イギリスのプロジェクトが掲げた「家庭における読書環境の差に十分に対応する読書環境デザイン」推進にヒントを得て、読書文化づくりに力を入れました。

同時に取り組んだのは、学び合う教師文化づくりです。〈学びの質〉を教職員集団として保障するためには、全人格的な視野から子どもの学びの姿を見とる力量形成こそが教師教育の最重要課題となるでしょう。子どもにとって居心地よく温かく、「ほかの命とつながり、ともに生きていく」ための学びを保障していくためには、教師自身が居心地よく温かくかつ真摯に学びづくりのプロセスを共有し、「ほかの命とつながり、ともに生きていく」ことを実感できる関係性になっていかなければなりません。これは、入れ替わりのある学校で実に困難に満ちた課題です。第4章は、どのように授業研究会を、支え合い学び合う場とし、子どもの学びの姿を見とる力量形成をしていくか、苦悩や矛盾葛藤も含めてその道筋を具体的に描き出しています。

（4）本書の特色

①多彩な子どもの学びの姿を見とり、描き出す実践記録

　本書は、全国学力・学習状況調査体制のもと重圧に苦悩する学校現場の複層的な矛盾に寄り添いながら、一方で海と空のもと多様な命のつながりにひらかれた学びの可能性に深く根を降ろし、「ゆいまーる」の思想によって展望を切り拓いてきた実践の歩みに基づいています。その意味で、本書に収められた11の実践記録は、本書の"肝"となります。多忙を極める現場環境にあって、20代2名、30代3名を含む小学校教員の皆さんが「実践記録を書きたい！」と声を上げ、限られた時間の中、励まし合って取り組んだことは、本書の何よりの特色です。それくらい、学びの喜びや手応えを先生方は感じてこられたのです（【実践3】【実践5】【実践7】～【実践11】は小学校教員執筆）。

　昨今は、すぐに誰でもまねできる教師の手立てや方法・発問に焦点を当てた実践記録が本屋で多く見られます。そこでは教師が主人公です。固有名詞の子どもの学びの道筋は見えてきません。しかし、本書の実践記録においては、子どもが学びの主人公との立場から具体的で多彩な子どもの学びの姿を生き生きと描きだし、そのことを通して〈学びの質〉（意味）を浮かび上がらせることを大切にしました。一人ひとりの子どもが、それぞれにかけがえのない人生を生きる意味につながる学び＝オーセンティックな（真正の、本物の）学びや多様性を包み込むインクルーシブな学びを探究する実践記録をめざしたのです。

　先述したように、貧困問題と学力問題をつなげてとらえ、展望を切り拓いていくためには、「教科の本質」に根ざしつつ全人格的な視野から子どもの学びの意味を見とる教師の力量形成が最重要課題となっています。本書に収められた実践記録は、こうした力量形成の道筋を明らかにする上で貴重な礎（いしずえ）となるでしょう。

　たとえば第2章に収めた、地域の海人（うみんちゅ）（児童の祖父）とともに教材研究し、海人文化の誇りを身近に感じ取りながら読み深めた物語「海の命」（立松和平）の実践（【実践10】）はじめ「海の学習館」へと結実していく実践記録は、本書の特色をよく表しています。「海の命」の実践記録は、①子ども理解に基づき、子どもの文化的背景を活かす、②家族や地域とのつながりのもとに学びへの参加を深める、③イメージ化（視覚化）と共有化に心をくだくなど、多様な子どもを包摂するインクルーシブ教育にも深い示唆を与えてくれます。

　なお残念ながら今回は実践記録を互いに読み合い、学び合い、練り上げる余裕はありませんでした。子どもの学びの姿を見とる実践記録としては、いまだ多くの課題を残しています。忌憚ないご意見をいただき、さらに深めたいと思います。

②学校現場と大学との共同研究＝学び合いの足あと

　第二の特色は、9年にわたる学校現場と大学の共同研究＝学び合いに基づく成果であることです。大学との共同研究という際、大学教員が指導的位置にある場合が多く見受けられます。本研究ではそうした関係性ではなく、互いに地域教育を担う当事者＝実践家として、子どもを中心として真摯に学び合ってきました。学校現場と大学との協働が9年間継

続した（今も継続中）ということ自体意義深いことです。本共同研究を支えてくださった
すべての皆さまにあらためて深い感謝の念が湧いてきます。本書は、こうした学び合いの
9年間の歩みを通して生み出された珠玉の実践記録およびそれを支える学びの文化・学校
文化・読書文化・教師文化づくりの実践理論の探究からなります。こうした探究は、学校
現場に根ざした共同研究を大学の教員養成の質的向上にどうつなげ、往還的関係を構築し
ていくか、という課題にもつながっていくでしょう。【実践6】は、沖縄戦下の人びとに想
いを馳せる平和学習を中心に、大学生が八島小学校の修学旅行に参加し、学び合いの輪を
紡いだ実践記録です。教員養成と学校現場をつなぐ実践記録としてもぜひお読みください。

2016年8月には、デューイ思想に基づき、日本やアジア地域で今日「学びの共同体」
論を広く実践する佐藤学氏に講演していただき、この共同研究の意味を振り返る貴重な機
会となりました。本研究は、直接に「学びの共同体」実践に連動するものではありません。
しかしながら、たとえば授業研究会について、同僚性を培い、真に学び合う場とするため
にどのようなスタイルにするかなど、最も苦悩し、心をくだいた課題について、佐藤学や
秋田喜代美の論に示唆を受け、歩んできました。また、田中孝彦『子ども理解　臨床教育
学の試み』（岩波書店、2009年）などに学び、「子ども理解」をキーワードとして本研究を
進めてきました。その意味では、養護教諭や生活指導の視点など子どもをとりまく多様な
視点からの掘り下げが必要ですが、今回は教科学習の場が中心となりました。このように
未だ不十分な点が多々ありますが、どうかご助言をいただきますようお願いいたします。

それでは以下、今日における「格差と学び／学力」をめぐる諸矛盾が具体的にどのよう
に学校現場に現れ、どのような葛藤が生まれているか、その矛盾葛藤と丁寧に向き合いな
がらどう〈ケアと学び〉の地平を切り拓いていくか――八島小学校が取り組んできた学び
の文化づくり（第1章）、学校文化づくり（第2章）、読書文化づくり（第3章）、教師文化
づくり（第4章）の4つの柱について、どこからでもお読みください。

多彩な子どもたちにとって、教室・学校が温かく居心地よい場となり、かつ「命のつな
がり」を紡ぐ質の高い学びが生まれる場となりますよう、そのために悩みを分かち合い、
支え合う学びのゆいまーるの輪が広がりますよう……。

（村上呂里）

注
1　江藤裕之「通時的・統語論的視点から見たcareとcureの意味の相違――care概念を考えるひとつの視
　　点として」『長野県看護大学紀要』第9号、2007年、1-8頁。
2　松山雅子『イギリス初等教育における国語科教育改革の研究』溪水社、2015年。

第1章

学びの文化をつくる

仲良くペアで文づくり

私たちは共同研究を重ねるうちに、「豊かな学びこそ確かな学力を育む」というフレイズに辿り着き、「豊かな学びをつくる10の指針」（本章第2節に掲載）を作成しました。この指針は、2007年に始まった全国学力・学習状況調査の前後に教育社会学者や教育学者らによって積み重ねられてきた「格差と学び／学力」をめぐる論点を踏まえ、模索しながら共同研究に取り組む過程で作成したものです。

　沖縄県が直面する貧困問題と学力問題をつなげて考え、切り拓く展望を求めて、最初にこの作成の背景となったいくつかの議論について振り返ってみます。実践を支える理論的探究の足あととしてお読みください。

第1節　学びとケアをつなぐ

──「格差と学び／学力」をめぐる論点から、いかに展望をひらくか──

1．正答率格差縮小は、果たして社会的格差を縮小するか
──量的指標から〈学びの質〉への視野を

　全国学力・学習状況調査の正答率格差は年々縮小傾向にあります。文部科学省は、「下位層が平均に近づく傾向」を指摘し、「先進的な授業内容を共有するなどの努力が奏功している」としています[1]。つまり下位に位置づけられた地域で「先進的な授業内容」をモデルとする一律化が進んだ結果、正答率格差が縮小したということになります。実際、沖縄の先生方は「先進的な授業内容の共有」に向け、たいへんな努力を重ねました。こうした努力は、さまざまな矛盾を孕みながらも、基本的には教えから学びへ、そして学び合いへという授業改革を推し進めました。こうした先生方の努力が今後の沖縄教育の自律的発展へとつながっていくことを願ってやみません。

　一方つぎに生まれてくるのは、正答率格差縮小がなしとげられたとして、果たしてそれは貧困をはじめとする社会的格差の縮小につながるのだろうか、という問いです。社会的に弱い立場に置かれ、さまざまな生きづらさを抱えて生きる子どもたちの未来の幸せにつながるのでしょうか。

　沖縄県では、全国に先駆けて子どもの貧困率を調査し、おおよそ3人に1人に当たる29.9％が貧困の状態にあると公表しました（2016年1月29日「沖縄子ども調査　結果概要中間報告」[2]。2月8日には「沖縄県子どもの貧困対策推進計画（仮称）（素案）」を発表し、2021年までの6年間の取組のヴィジョンと計画を示しています。学びに関わる項目としては「（ア）学校教育による自己肯定感を育む支援と学力の保障」（小・中学生期の【具体的

取組】冒頭）が掲げられています。

　一方、全国学力・学習状況調査を指標とする「先進的な授業内容の共有」や学習過程のスタンダード化に向けた指導では、共通の明示的な方法や数値的エビデンスが評価の対象となるがために、子どもが全身で発する表現や教師の願いなど目に見えない領域（暗黙知）——実は実践知として最も大切にされなければならない——が価値づけられなくなってしまいかねない危険性も孕んでいます。子どもが全身で発する表現やメッセージが受けとめられてこそ基本的な「自己肯定感」が育まれると考えたとき、こうした危険性は何としても避けなければなりません。一方で学力問題が厳しい地域だからこそ、全国水準の「学力」をめざし、一律的なモデルへのスタンダード化が推し進められます。貧困問題と学力問題の双方に苦悩する地域であるがゆえに（それなのに）、教師が固有名詞を持つ一人ひとりの子どもの声を聴き、非言語的なものも含めて子どもの発する表現を受けとめ、そこから対話的に学びを創ることが大事にされなくなってしまうのではないか……、そんな根源的な矛盾葛藤が生まれています。

　ここで、アメリカの議論を紹介します。2002 年に、アメリカで No Child Behind 法案が成立しました、学習スタンダードを設定し、合衆国の全児童生徒が 2014 年までに達成することを目標とする教育政策です。その結果、貧困地域を抱える学校はスタンダード達成への圧力による過剰なテスト対策を強いられることとなりました。この法案をめぐっては、「テストの評価において生徒児童間の格差が縮まったとしても、それは見せかけの平等」であり、低所得世帯の子どもは、テスト対策に限定された学校教育に甘んじなければならず、「すべての児童生徒にとっての上質な、アカデミックで社会的な体験を保証する学校の能力が蝕まれる」ようになり、マイノリティや貧困層など不利な環境にある児童生徒をよりドロップアウトさせ、学力格差の一層の拡大を招くとの批判も紹介されています[3]。ハーグリーブスも「基礎的な知識とスキルを主として学ぶ下位層」と「柔軟性や創造的思考までを学べる上位層」という学びの二極分化を指摘しています[4]。

　今日の日本において、「主体的対話的で、深い学び」「課題の発見・解決に向けた主体的・協働的な学び」や多様性を包摂するインクルーシブ教育が盛んに推奨される一方、全国学力・学習状況調査結果で下位に位置づけられた地域においては過剰な試験対策に労力や意識を集中させられ、結果として子どもや学校・地域の個性や課題に根ざした多様で主体的で対話的な学びの創造が困難にされている状況と重なり合います。正答率格差縮小の一方で、こうした学びの質の二極分化のありようがあらわれているのです。

　貧困等の厳しい背景のもと、学びの土台となる関係性そのものの傷つきが深まっていることへの感受性や問いを欠落させたまま「主体的・対話的で、深い学び」が推進されると、傷つきを抱えた子どもたちや地域は学びの場でますます周縁化され、結果的に彼らの〈声〉はますます潜在化させられ、より格差を拡大することになってしまうでしょう。そうならない道を切り拓いていかなければなりません。

　無論のこと、学校外で潜在化させられてきた〈声〉をあげることは大事であり、深刻な貧困問題を背景に、今、こうした〈声〉によるうねりが生まれ、世論を喚起しています[5]。こうした学校外の真摯な動きに応答し、学校＝学びの場を、それぞれの生活に根ざした〈声〉を安心して表現でき、その〈声〉を聴き合い、支え合う場へと編み直していくことの大切さが一層問われています。貧困問題と学力問題を、学びの場につきつけられた課題としてつなげて考え、切り拓く展望が切実に求められています。

2．学びにおける「関係性」の強調は、社会的格差を拡大するか

　「貧困と学力」という設定の可能性を追究した岩川直樹は、「学力テストの数値と結びつきがちな『学力』という概念に代えて多元的な意味や価値をもつ『学びの意味』や『学びの質』や『学びのゆたかさ』という考え方を再導入する必要がある」と指摘し、「学力」概念に代わる多元的な意味や価値を持つ「学びのゆたかさ」という概念を提起しました。岩川は〈からだ・場・社会関係の織物〉の傷つきの深層から発せられる〈声　a voice〉による「関係性の編み直し」を唱えます。そして「学びのゆたかさ」について、「世界や他者や自己自身とのかかわりの全連関的な変容過程に知識や技能の習得が位置づくことにこそ求められる」と説明されています[6]。

　田中昌弥は、科学や合理性への一方向的指向ではなく、地域や子どもの個性・具体性の把握と世界観形成の往還的ありようによるやわらかな知の形成を説く「弱さのリテラシー」論を展開しています[7]。

　岩川や田中らの「関係性」を強調する論に対し、石井英真は「社会的『強者』のための学力論とペダゴジーと、社会的『弱者』のためのそれとの間の、言説レベルの溝」を深め、結果的に「階層間の教育格差・学力格差の拡大や固定化の傾向に対して、教育機会の平等を達成する方向で再設計していく見通しの構想自体が困難となる」との批判を展開しています[8]。そして階層間の格差を固定しないために「教科する」という概念を提起します。人類の文化遺産の継承と創造的発展に参加する学習を「教科する」という動詞で表したのです。ここで、そもそも関係性の矛盾や傷つきへの感受性や知的関心を働かせずして、果たして探究的参加論的な「教科する」学びが成り立ちうるかという問いも浮かび上がってきます。

　このように、貧困・格差と学びをめぐって積み重ねられてきた諸論点の一つとして、「関係性」に支点を置く論と「教科」に支点を置く論との葛藤があります。後述するように、私たちはケアリング概念を拠り所として、この葛藤を止揚しようと考えました。

3.「見えるペダゴジー」と「見えないペダゴジー」
――〈声なき声〉の表現を保障するために

　もう少し、「格差と学び」をめぐる議論を辿ってみます。困難を抱えた地域の教育実践史においては、基礎学力保障のあり方が重大な課題であり、今日に引き継がれています。教育社会学では、「見えるペダゴジー」と「見えないペダゴジー」という枠組みで論じられていますので、その議論を紹介します。

　石井の「格差」の拡大・固定化批判と通底する論として、小玉重夫『学力幻想』（ちくま新書、2013 年）があります。小玉は、教育社会学の耳塚寛明[9]らの研究を踏まえ、「格差を生み出すメカニズムである『社会的競争ルールや社会構造自体』を覆い隠し、ペアレントクラシーを強化してしまうという罠」に陥らないために、「格差を生み出すメカニズムに立ち戻って、その構造の解明と、実践的な処方箋を探る必要がある」と指摘しています（p. 105）。

　小玉は Bernstein や Bourne によりながら、「見えないペダゴジー」（＝「総合的な学習」など教科横断的カリキュラム、子ども中心主義的な授業など、教授者の意図が容易には見えにくい教授法）の方が、「見えるペダゴジー」（学習内容や進度が厳格に定められ、教授者の意図や評価基準が見えやすい教授法）よりも「学力における子どもたちの階層性を拡大する可能性」を強めると指摘し、こうした観点から「子ども中心主義の罠」を厳しく批判しています。

　「見えるペダゴジー」の系譜としては、基礎学力保障を唱え、百マス計算の生みの親である岸本祐史やそれを引き継いだ蔭山メソッド、教育法則化運動、さらに明示的な「論理」を国語科の教育内容とすべきとするユニバーサルデザインの国語科授業、学習のスタンダード化への志向等をあげることができるでしょう。ユニバーサルデザインの国語科授業は、インクルーシブ教育推進の流れにおいて影響力を広めています。どこでもだれがやっても一定の成果を生み出しうるとする、脱文脈的な学習といえるでしょう。

　一方、「見えないペダゴジー」の系譜としては、大正から昭和にかけて実践された峰地光重の生活教育や郷土教育の実践、生活で生まれる課題意識を大切にする生活綴方実践、受験に対応できるのかという批判にさらされた大村はまの単元学習、フレネ教育に学ぶ生活教育実践、善元幸夫の「総合的な学習」などがあげられます。他者、社会、世界との関わりの文脈（＝生きる文脈）で生まれる葛藤や矛盾、願い、課題意識に根ざした文脈依存的な学習といえます。

　「見えるペダゴジー」と「見えないペダゴジー」をめぐる論点は、古くは系統主義か経験主義かという枠組みで論じられてきた論点とも通底します（なお近年では、奥平康照『「山びこ学校」のゆくえ――戦後日本の教育思想を見直す』〔学術出版会、2016 年〕がこの論点について詳らかに論じています）。

　この二極分化への処方箋として、小玉は「ラディカルな見えるペダゴジー」の有効性を

唱えています。「ラディカルな」の内容がつかみにくいですが、市民性育成のために〈教え〉の位相が大切であるとし、「保護膜としてのリテラシー」（読み書き能力）を「市民」としての力量にいかに転化させうるかが重大な課題となると説きます。読み書き能力をいかに主権者としてのエンパワメントにつなげていくかは、貧困問題が深刻な地域の学校が直面する重大な課題でありつづけ、生活綴方運動、基礎学力保障等でたえず問われつづけた課題です。基礎学力保障であるがゆえに、「達成」と評価基準が明示的な「見えるペダゴジー」であることが求められます。

　本田伊克「〈強者／弱者〉を超えるペダゴジーの社会学：市場によるアイデンティティの分断からその共同的・創造的結合へ」[10] は、Bernstein に拠り、こうした格差の二極分化に関わる問いを主題に掲げています。科学・文化知識の「伝達─獲得」の様式が、アンダークラスに位置づけられた子どもたちや若者の「育ちのなかですでに備えている」なじみ深いものとして開発されることによって、「ヴォイス化されないヴォイスの表出」が可能となり、子どもたちや若者たちの「『メッセージ』に転化する社会回路の構築」がひらかれると説いています。

　本研究は、「はじめに」で述べたように生活困窮を背景とする歴史的事情でこの地域に移住し、移住者として地域に根ざし文化を育んできた海人との出会いと対話を契機として共同研究を進めてきました。そのプロセスでは、歴史的事情を背景として読み書き文化へのなじみにくさはじめ、「学力とリテラシー」をめぐる問題が重大な課題として浮上してきました。読み書き能力の習得を本田が説くように、いかに親しみやすいものとし、子どもたちを主体としてエンパワメントし、生きる力へつなげていくかが、問われたのです。

　格差社会を組み換えるための石井、小玉、本田の論は、「落ちこぼれ」をつくらないことを掲げた「基礎学力保障」の流れに立つ「見えるペダゴジー」の系譜を基本的に継承発展させるものといえるでしょう。こうした文脈において、小玉は、総合学習等で実践されてきた子ども中心主義の実践について「格差」のさらなる拡大を招くと批判しているのでしょう。

　一方、地域や子どもの個性・具体性の把握と世界観形成の往還的ありようを説く「弱さのリテラシー」論や「世界や他者や自己自身とのかかわりの全連関的な変容過程」を大切にする「学びのゆたかさ」論は、地域の生活現実に根ざした認識を育てることを何よりも大切にしてきた生活綴方の伝統と響き合います。

　以上の葛藤を踏まえ、本研究では「学びのゆたかさ」（＝目に見えない）の探究と「確かな学力」（＝目に見える）保障がそもそも二項対立的にとらえられるものではないとの立場に立ち、実践の位相で検証していくことにしました。なお、今日盛んに叫ばれている「確かな学力」は全国学力・学習状況調査を意識した文脈で多く使われます。本研究では、ユネスコ学習権の理念に立ち、子どもたちが主権者として世界を読み解き、自分の思いや考えを表現・発信し、公的世界に参加することを保障するものとしてとらえています。

　本研究ではまず、子ども中心主義に立つ実践の系譜に学び、何よりも「子どもとの対話・地域との対話から学びをつくる」ことを大切にしました。固有名詞を持つ子どもへの願いがあってこそ学びは実のあるもの（有意味的）となります。全国学力・学習状況調査問題から授業を逆算的に構想する向きも広がる中、あくまで子どもやその家族、さらには彼らが生活する地域の固有性・具体性との対話を出発点としました。この対話を出発点とすることによってこそ、一人ひとりの生きる文脈＝「自分と他者の関わりの文脈」に根ざして意味づけられた学びが創成され、学びの意味を具象化・豊饒化し、そのプロセスを通して学びの場に「居場所」が生まれると考えたのです。そこで生まれた、子どもたちの〈声〉は、共に生きる世界へと社会を編み直す起点ともなるでしょう。また、第2章で八島小学校前校長の吉濱剛が熱意をこめて語っているように、地域との対話を大切にし、地域の方々の願いを感じとることによって、地域全体をエンパワーする学校文化を育んでいきました。

　一方で、子どもたちの深層に根ざした〈声〉を社会や世界にメッセージとして発信していく回路を保障するための読み書き文化を、豊かにそして確かに保障することが必要です。そのために有効なペダゴジーとして、つぎの三つの柱を据えて取り組みました。

　①読書環境のデザイン

　読み書き文化（リテラシー）をめぐる地域や家庭における格差を克服するためには、学校における読書環境デザインが非常に重大な意味を担っています。本研究では、「読書文化を学校文化に根づかせよう」を合言葉に、読み聞かせ活動、図書館と教室をつなぐ読書ブランチの設置と活用、教科学習における楽しいブックトークの位置づけなど、日常的に読書に親しみ、教科学習と読書活動を有機的に連動できる環境デザインを行いました。この環境デザインの保障が、口ことばの文化から読み書き文化の世界への飛翔を親しみ深く行う要件となるでしょう。この点については、第3章（望月道浩担当）で詳しく述べています。

　②読み書き文化（リテラシー）を親しみやすく習得する教具や方法の開発

　口ことばの世界から読み書き文化（リテラシー）の世界への関門としては、漢字学習をはじめいくつかの関門があります。本田が指摘する「象徴資源へのアクセス」のために、「育ちのなかですでに備えている」なじみ深い様式の開発を模索しました。

　読み書き文化（リテラシー）への最初の関門となる助詞「は」「を」「へ」の学習（【実践4】）、地域文化に根ざし、「魚」の漢字の成り立ちから文字文化の奥深さへと誘う漢字学習（【実践5】）をご覧ください。

　③生活綴方の伝統に学ぶ

　「ひとりのことばはみんなのたからもの」を合言葉とし、表現が受けとめられ、活かされることを大切にすることにしました。読み書き文化圏における「居場所」を保障するメッセージを発しつづけたのです。自ら表現・発信する主体として読み書き文化を獲得・創造できることを願い、文集づくりや本づくりの言語活動を重く位置づけました。こうし

たメッセージや文集・新聞による交流は、子どもたちの内に他者へのやわらかな感受性とつながりを紡ぎ、関係性を組み換えていく土壌ともなるでしょう。

4．ケアリングとしての学びによって格差拡大から支え合う社会へ
——共感的知性を育む

　先述したように本研究では、教育実践史で問われつづけてきた普遍的な課題でもある「関係性」に支点を置く論と「教科」に支点を置く論の葛藤を止揚する道筋を求め、ケアリング概念に辿り着きました。

　「ケア（care）」はゲルマン系の語であり、語源的には「心配」「悲しみ」「叫ぶ」という意味であり、「何か悲しくなるものを見たとき、声をあげんばかりに心から心配している（自分の気持ちがその方向に向いていること）」を意味するといいます[11]。貧困や学力問題の重層的な矛盾に苦悩する地域の子どもたちや教師にとって切実で肌身に求められる概念です。

　ケアについて本格的にまとめられた書としては、1971年、哲学者ミルトン・メイヤロフによる *"On Caring"*（Harper & Row、邦訳版／田村真・向井宣之訳『ケアの本質　生きることの意味』ゆみる出版、1987年）が最初だとされます[12]。メイヤロフは、「一人の人格をケアするとは、最も深い意味で、その人が成長すること、自己実現することをたすけること」と述べ、ケアに関する本質的思索に誘います。ケアとは自己犠牲的な献身では決してなく、自身の成長や自己実現につながる相互的な概念なのです。

　メイヤロフは哲学者でしたが、高校数学教師であった教育学者ネル・ノディングズは、富裕層が貧困層に富を分かとうと気持ちを動かすことのない「道徳的に欠陥のある学校教育」に直面し、教育の場に即してケア論を展開しています[13]。ノディングズもまた、ケアの「最も根本的な意味は関係性であ」るとし、その本質を「ケアする者とケアされる者との間のつながり、あるいは出会い」[14]に見ます。ケアをめぐる相互的関係性を重視する点においてメイヤロフとノディングズは共通しており、ケアについて「関係性」の論理を象徴する概念ととらえることもできるでしょう。

　一方メイヤロフは哲学者として、ケアする対象として「一人の人格」とともにIdeaへのケアを大切に位置づけ、ケアについて「単に行為や温かい関心を示すことだけであるかのように言うこと」を厳しく批判しています。前掲『ケアの本質　生きることの意味』には「4　知識」という項目が設けられ、知識（Knowledge）の重要性が説かれ、「"新構想"（哲学的または芸術上の概念〔アイデア〕）」へのケアについて論じられています[15]。ノディングズもまた、権威主義やエリート主義、競争と一体となった教科主義を批判すると同時に、「ケアを起点にした教育方法」は「反知性的ではない」と述べています[16]。そしてケアの対象として、

「自己へのケア」

「親密な他者へのケア」

「見知らぬ人や遠く離れた人へのケア」

「動植物や生態系へのケア」

「物や道具へのケア」

「その謎と課題に心奪われる Idea へのケア」

と分類し、抽象的な概念や思索（Idea）も位置づけ、ケアの視座からのカリキュラム再編を唱えました[17]。ケア概念は、そもそも「知」（知識や知的営為）と不可分のものとして提起されていることを確認できるでしょう。

　「知」と分かちがたいものとしてケア概念をとらえるとき注目されるのが、ノディングズのケアリング教育論における care for という概念です。

　ノディングズは、客観的傍観者的知のありようとしての care about と対比的に、能動的に相手にかかわる care for という概念を描き出しています[18]。「ケアする人は、ケアされるひとに耳を傾け、かれの物語ることに喜びや苦しみを感じよう」[19]とする「受容性（reception）」により、ケアする人の内に「感情移入（empathy）」が生じます。そこから相手への「専心没頭（engrossment）」が生じ、さらにはケアされる人の側の視点から行為を起こすこと＝「動機の転移（motivational displacement）」ができるようになります。そうしたありようは「ケアされるひと」におのずと応答を求め、その共振（sympathy）のプロセスの内に care for の関係が構築されるのです[20]。

　認知心理学者生井久美子「『ケアリング』としての学び」（佐伯胖監修／渡部信一編『「学び」の認知科学事典』大修館書店、2010 年）は、ノディングズの論を踏まえ、「知育」と「ケア」を対立的並列的にとらえる図式を批判し、相互的な応答関係に基づく care for の構築は、知性の根源に「共感」という働きを据えた「新たな『知る』、あらたな『学び』観の提起に他ならない」[21]と述べています。

　このようにケア概念を辿っていくと、

①相互的なケアリングの関係性にこそケアの本質があること

②他者や対象に心を傾けるケアは本来、知的営為と切り離せないこと

③相互的な応答関係に基づく care for の構築に、知性の根源に共感の働きを据えた学びの可能性を見出すことができること

の 3 点が導き出されます。

　「知性の根源に共感の働きが据えられること」――この「共感的知性を育む」学びとい

うとき、忘れられないのは、本校の2年生、レオ・レオニ「スイミー」の授業（授業者・安谷屋寿々）です。谷川俊太郎は、日本語版絵本『スイミー』（好学社、1969年）を刊行するとき、副題に「ちいさなかしこいさかなの話」と付けました。スイミーの「かしこさ」とは何だろうと、皆で話し合ったのです。

　　（わこさん）
　「もちばをまもるところ」「ゆうきをだせたところ」「さびしくてもおよいだところ」
　　その理由：「なかまをたべられてくやしかったからです」
　　（あやこさん）
　「うんとかんがえたところ」「マグロをたおすところ」
　「スイミーがすくいたい（注、救いたい）ところ」
　　その理由：「なかまをたすけたいから。いっしょにくらしたいから」
　　（しんさん）
　「なんとかかんがえなくちゃのところ」「だんだん元気をとりもどすところ」
　　その理由：「いろいろさくせんをかんがえて、赤いさかなたちをつかって大きなさかなに
　　　　　　　なって、大きなまぐろをおいだそうって思ったからです」
　「だんだん元気をとりもどすところ」
　　その理由：「ふしぎなクラゲや水中ブルドーザーみたいないせえびを見たからです」

　あいのさんは「一人でかんがえたところ」、りょうさんは「ぼくがめになろうのところ」をあげています。仲間を奪われ一人ぼっちになって哀しみに打ちひしがれたとき、海の多様な生き物を美しいものに「見立てる」文学的想像力を働かせることによって、スイミーは生きるエネルギーを取り戻します。そして、「仲間を助けたい、いっしょに暮らしたい」という願いから懸命に創意工夫を懲らし、仲間に「ぼくが目になろう」と伝えました。本校の子どもたちは、スイミーの「かしこさ」を多角的に読み取っています。本研究では、スイミーのように、仲間を思って状況を切り拓く「かしこさ」＝「共感的知性」を育むことを中心の柱としたのです。

　本書にはその他、小学校国語1年生における説明文「どうぶつの赤ちゃん」を中心的な学習材とし、生まれ出る命へのケアを核として生成した学び（【実践2】）や、森や海など生態系へのケアを志向した学び（【実践3】）、本のプレゼントを介してケアリングを紡いだ実践（【実践11】）、沖縄戦下の人びとに想いを馳せた平和学習（【実践6】）などを掲載しています。こうした実践を積み重ねることで。自己へのケア→身近な他者へのケア→遠い他者へのケア→動植物へのケア→生態系へのケア→Ideaへのケア……という螺旋状的なカリキュラムの道筋も見えてくるでしょう。

5．内側から育む──情動と認知の豊かな往還としての学び

身近な自然との触れ合いによって生まれた『はらっぱ教室』(1955 年、百合出版) の実践を振り返り、「生活」を教科「国語」の高位に置くべきと唱えた小学校教師峰地光重は、「理知的な理科から、愛情の理科へ」の転換を唱えています[22]。

　子どもの愛情は、生後四ヵ月にして、母や乳母に対して現われ、満一歳のころになると、動物、玩具などに対する愛情が現れる。(中略) 愛情のはじめは、具体的、個人的なものにとどまるけれども、知識が発達するにつれて、抽象的、集団的なものへすすんでいく。(中略) 現場の理科教育においては、このような愛情が、もっと大切にされていいのではないか。
　近頃科学や文化の矛盾が叫ばれている。科学が、見つけだした原子力が殺人的武器として利用されるなどは、その一例である。

このくだりは、デューイ学統のネル・ノディングズが展開したケアリング教育論を彷彿とさせます。「原子力と科学」をめぐる半世紀以上も前の峰地の指摘は、今なお鋭く生き続けるといえるでしょう。先述したように、ノディングズは権威主義や競争と一体となった教科主義を批判し、ケアの視座からのカリキュラム再編を唱えました。対象に深く心を寄せる「ケア」と峰地の「愛情」は深く通い合う概念といえるでしょう。ケアと知育の統合を指し示したノディングズと、小学校教師峰地が円熟期に辿り着いた実践思想の相似性には興味深いものがあります。
　今日、たとえば国語科の教育内容を明示的な (＝見える)「論理」を教えることに特化すべきだとする、ユニバーサルデザインの国語科授業[23] が広範な影響力を持ちつつあります。桂聖が唱える授業の「焦点化・視覚化・共有化」はこれまでの授業論でも大切にされてきたことで、今後とも大切にしたいことです。ここで検討したいのは、国語科授業の目標において明示的な「論理」を強調する論調です[24]。文学の授業においても明示的な「論理」を学習内容とすることによって、すべての子どもたちの授業参加が可能になるという潮流が生まれています。
　文学の授業においては、文学固有の仕組みである語り手、視点人物と対象人物の相互関係によって読み手の内に他者への想像力が働き、情動やイメージ、世界観の激しい葛藤が生まれ、新たな世界観＝言葉による見方・考え方を獲得していきます。西郷竹彦は「文芸体験」(同化と異化) という概念を用いてこうした仕組みを解明しました[25]。その後も、文学固有の仕組みと想像力＝創造力を核とした文学的思考力をめぐって議論が進展しています。学習指導要領「国語」も、言葉の働きとして「想像力」を大切に位置づけつづけてきました。こうした想像力によるイメージ化や情動体験とそれに伴う世界観の葛藤が捨象

され、わかりやすい「論理」に授業が焦点化されるとき、それは文学固有の教材価値を否定し、多様な子どもたちが多様な道筋で文学作品と出会う道筋を閉ざすことになってしまうことにならないでしょうか。

本校の「ごんぎつね」（新美南吉）の授業（授業者・池上剛）において実に興味深い論点が生まれました。初めの頃は兵十の家にいわしを「投げこんで」いたごんぎつねが、最後の場面では土間に「くりが固めて置いてある」ように、その置き方が変容する叙述をめぐる論点です。

たつきさんは、「固めない方がよかった」と発言しました。「どうして？」と剛先生が問いかけると、「固めているうちに（見つかって）殺されるから」とたつきさんは答えました。一方まりかさんは、「固めることによってはじめて自分を伝えられる」と発言しました。「ごん」に近い思いを体験してきたたつきさんの発言からは、ごんに寄り添ってごんをはらはらしながら見つめ、丁寧に固めているうちに兵十に見つかってごんが殺されてしまう結末を何としても避けたいという願いが見えます。一方まりかさんは、自分の成長の証しや兵十を思う気持ちは「固める」という心をこめた丁寧な行為によってしか伝えられない、たとえ殺される結末になっても……というのです。

偏見によって排除され、命まで奪われる側の痛みへの鋭い想像力とともに、偏見と孤独の中で内省を重ねながら、ごんが「自分自身を伝える」とはいったいどういうことなのだろうか、ごんの行為の意味を参観しながら深く考えさせられました。〈本質に向かう問い〉が生まれた、かけがえのない授業でした。文学作品の叙述を丁寧に読み解き、登場人物への同化や異化を繰り返しながら子どもたちの生活体験との葛藤が生まれ、文学ならではの〈本質に向かう問い〉＝〈生きる問い〉が深まります。わかりやすい「対比」や「因果関係」などの「論理」だけでは解けない文学的思考力（排除され殺される側のごんが、贈り物を丁寧に「固めて」置く行為の意味するものは何か）がそこには働いています。

さて、そもそも「情動の領域」と認識力・思考力は二項対立的にとらえられるものなのでしょうか。

ヴィゴツキーに拠って学習理論を構築する庄井良信『ヴィゴツキーの情動理論の教育学的展開に関する研究』（風間書房、2013年）は、「子どもにとって、両者（生活概念と科学概念）の葛藤をはらむ情動体験（引用者注、ロシア語略）が生じない限り、概念全体の構造的な自己変革は生まれない」（155頁）として、「認知と情動の豊かな往還としての学び」を提起しています。心身が揺さぶられる情動体験があってはじめて、生活で培ってきた概念と学校で学ぶ科学的概念との葛藤が生まれ、止揚され、概念全体の質的変革が生まれうるとするのです。

1984年にソビエトでヴィゴツキー「情動に関する学説」（1931-33）という未完のモノグラフが初めて公刊され、日本でも邦訳『情動の理論——心身をめぐるデカルト、スピノザとの対話』（神谷栄司他訳、三学出版、2006年）が刊行される中、ヴィゴツキー研究の進展は、

情動の領域と、一般的普遍的抽象的な科学概念・論理的思考とを二項対立的にとらえるのではなく、「認知と情動の豊かな往還」としての学びのありようを指し示しています。庄井は、「ヴィゴツキーは、この情動体験を、人間における概念形成のもっとも原初的な形態だと考えようとしていた可能性も指摘されている」（下線　庄井）と述べています[26]。

ヴィゴツキー研究の進展を踏まえた学び観は、先述のケアリングとしての学びで唱えられている共感的知性の育みの方向性とも合致しています。とりわけ生活体験で得た知を豊かな土壌としつつも、読み書き文化（リテラシー）の世界になじみにくい子どもたちやさまざまな痛み・哀しみ・淋しさを抱えた子どもたちが多く通う学校では、情動体験を出発点として科学的概念や論理的思考力を内側から耕し、育む学び論が必須であると考えられます。

本研究は、こうした立場に立ち、教科横断的な単元学習を特色とし、本物の文化や人と出会い、心身が揺るがされる情動体験を重く位置づけて実践を展開しています（馬頭琴の生演奏会を位置づけた【実践1】など）。また【実践11】「本のプレゼントをしよう」では、子どもたちの表情を含め、本のプレゼントを介した「情動の共有」が丁寧に描き込まれています。

【実践8】「海のすばらしさを誇りに、つながりの中で学ぶ楽しさを感じる」（1年生の説明文学習）では、説明文を読み、書くことを通して学んだ海の生き物の不思議への感動を群読として生き生きと表現し、「情動と認知の往還としての学び」の一つの姿を示しています。【実践9】「科学絵本『八島の海の生きものがたり』をつくろう」は同じく説明文学習において、身近なアンパル（干潟）に出掛けて多様な海の生き物と存分に触れ合い、そこで生まれた不思議＝情動の揺さぶりを出発点にしながら、「問い」→「仮説を立てる」→「観察する」「実験する」（検証）→ 結論というふうに科学的思考を働かせ、序論―本論―結論・メッセージからなる科学絵本を創作することにつなげています。普段の学習では、つまずきのある子どもが粘り強く意欲的に取り組み、色彩豊かなイラストとともに絵本を仕上げた様子は感動的です。

また【実践10】「海人の誇りを賭けて読む物語教材『海の命』」は、「本物の海人」の声を聴きながら進め、イメージ化を大切に、主題である「海の命」に迫りました。地域の海人文化に根ざした生活概念をいったんくぐりながら、文学の世界の象徴的概念＝「海の命」の内実を豊かに獲得していく道筋が描き出されています。【実践8】【実践9】【実践10】は、情動体験を経て、生活概念がどのように抽象的・象徴的科学概念の獲得と共有につながっていくか、「情動と認知の往還としての学び」の可能性として実に示唆深い実践記録となっています。

【実践10】は、多様性を包摂するインクルーシブ教育の観点からも意義深いと考えられます。①子ども理解に基づき、子どもの文化的背景を活かして活躍の場をつくる、②家族や地域とのつながりのもとに学びへの参加を深める、③イメージ化＝視覚化と共有化に心をくだく、④付箋紙を活用し、多様な意見をすべて大切に活かしながら「見える化」し、

集団としての読みを深めるなど、目の前の子どもへの願いをこめてさまざまな工夫をこらしています。どの教室でも同じ道筋で明示的に技能を習得させるという方向性ではなく、あくまでも固有名詞の子ども理解を大切にし、イメージ化や「情動の共有」を大切にしながら思考を深め、「情動と認知の往還」のもとに多様な子どもの学びへの参加の道筋を保障しています。そして各自が〈生きる問い〉に根ざしながら、最終の個性的なつづき物語創作へと結実させているのです。

　特別支援学級における漢字学習（【実践5】）も、地域の生活文化に根ざして漢字学習に取り組むことによって、漢字を発明した人の発想とつながり合い、子どもたちの独創的なイメージや想像力の豊かさに目を見ひらかされます。インクルーシブ教育の視点からやはり示唆深い実践記録となっています。

（村上呂里）

注

1　「全国学力テスト　地域差縮小、底上げ傾向続く」『日本経済新聞』（2017年8月28日付、電子版新聞）に拠る。

2　沖縄県のデータについては、「沖縄県下の41市町村のうち、子どもの貧困率算出に関するデータの提供のあった35自治体の可処分所得算出用データを使用し、そのうち、すべてのデータが突き合わせ可能であった8自治体（サンプルA）を用いて子どもの相対的貧困率（再分配前・後）、18-64歳の大人が1人の世帯の世帯員の貧困率を算出している」「貧困率の推計については、沖縄県子ども総合研究所の指示を得て、沖縄県下の市町村の協力のもと、阿部彩（首都大学東京子ども・若者貧困研究センター所長）が推計した」と説明されている（2016年4月・沖縄県生活福祉部子ども未来政策課「沖縄県子ども貧困率」。なお、戸室健作による調査結果報告（「都道府県別の貧困率、ワーキングプア率、子どもの貧困率、捕捉率の検討」『山形大学人文学部研究年報』（13）、2016年、pp33-53）では、2012年の沖縄の子どもの貧困率は37.5％に上り全国最悪になっている。なお、脱稿間近に『沖縄貧困子ども白書』（かもがわ出版、2017年）が刊行された。ぜひ参照されたい。

3　五島一美「No Child Left Behindと教育の再生産——マイノリティと貧困層の児童・生徒への影響」『早稲田教育評論』18（1）、85-96頁、2004年。

4　柏木智子「ケアする学校教育への挑戦」末冨芳『子どもの貧困対策と教育支援』明石書店、2017年、134頁。

5　沖縄県子ども総合研究所『沖縄子どもの貧困白書』かもがわ出版、2017年。上間陽子『裸足で逃げる——沖縄の夜の少女たち』大田出版、2017年など。

6　岩川直樹「貧困と学力」岩川直樹・伊田広行編著『貧困と学力』明石書店、2007年、20頁。

7　田中昌弥「『弱さ』の哲学から語る学力——『強さ』の学力から『弱さ』のリテラシーへ」久冨善之、田中孝彦編著『希望をつむぐ学力』明石書店、2005年、248-273頁。

8　石井英真「学力論議の現在：ポスト近代社会における学力の論じ方」松下佳代編著『〈新しい能力〉は教育を変えるか：学力・リテラシー・コンピテンシー』ミネルヴァ書房、2010年、141-178頁。

9　耳塚寛明編『学力格差に挑む』金子書房、2013年など。

10　本田伊克「第7章　〈強者／弱者〉を超えるペダゴジーの社会学：市場によるアイデンティティの分断からその共同的・創造的結合へ」久冨善之他編『ペダゴジーの社会学：バーンスティン理論とその射程』学文社、2013年、118-136頁。

11　江藤裕之「通時的・統語論的視点から見たcareとcureの意味の相違——care概念を考えるひとつの視

点として」『長野県看護大学紀要』第9号、2007年、1-8頁。

12　中野啓明「メイヤロフとノディングズの分岐点」『新潟青陵女子短期大学研究報告』29、1999年、71頁。

13　日本では、ネル・ノディングズ／立山善康他訳『ケアリング　倫理と道徳の教育——女性 の視点から』（晃洋書房、1997年）やネル・ノディングズ／佐藤学監訳『学校におけるケアの挑戦——もう一つの教育を求めて』（ゆみる出版、2007年）（原著 *The challenge to Care in schools An Alternative Approach to Education*）、ネル・ノディングズ／山崎洋子・菱刈晃夫監訳『幸せのための教育』（知泉書館、2008年）などが邦訳され、紹介されている。

14　前掲『学校におけるケアの挑戦——もう一つの教育を求めて』45頁。

15　ミルトン・メイヤロフ／田村真・向野宣之訳『ケアの本質　生きることの意味』ゆみる出版、1987年、14頁および127-128頁。

16　前掲『学校におけるケアの挑戦——もう一つの教育を求めて』49頁。

17　同前書の第六章から第十一章にかけて、各々の領域について論じられている。

18　Nel Noddings（2002, pp. 21-24）は、care about と care for の基本的な相違を踏まえつつ「care about は確かに sense of justice の基礎とな」り、「知的で意識的な caring-about はより多くの受容者（recipients）に対する care-for を拡大する方法を示唆する」とその意義を述べている。一方で、caring-about が、「もしケアリングの関係性へと達しなければそれは空虚である」と述べ、あくまで caring-for を花咲かせる（flourish）ことができる条件を確立させる手段としてとらえなければならないと、二つの関係性について述べている。なお、本書の邦訳はなされていない。

（参照）Nel Noddings (2002), *Starting at Home Caring and Social Policy*, Universary of Califo rnia Press.

19　前掲『ケアリング　倫理と道徳の教育－女性の視点から』晃洋書房 ,199年、31頁。

20　同前書においてこのプロセスは「1 なぜケアリングにかかわるのか」から「3　ケアされるひと」で詳細に述べられている。また「6　理想の高まり：喜び」の「理知的な活動における受容力と喜び」（224-227頁）に知的活動とケアの関係性について述べられている。本稿は、日本語翻訳版である同前書に基本的に拠りながら、その改訂版である Nel Noddings（2013）を参照し、さらに生井久美子（2010）による概観を参照した。なお、Nel Noddings（2013）は、日本語翻訳版の原著となった *Caring A Feminine Approach to Ethics & Moral Education*（1984）への批判を踏まえ、*Caring A Relatio nal Approach to Ethics & Moral Education* として改訂されたものである。

（参照）Nel Noddings (2013), *Caring A Relational Approach to Ethics & Moral Education*, second edition, updated, University of California Press.

21　生井久美子「『ケアリング』としての学び」佐伯胖監修／渡部信一編『「学び」の認知科学事典』大修館書店、2010年、81-94頁。

22　峰地光重「私の歩んだ生活綴方の道」『峰地光重著作集16』けやき書房、1981年、233-245頁

23　桂聖『国語授業のユニバーサルデザイン——全員が楽しく「わかる・できる」国語授業づくり』東洋館出版、2011年、など。

24　桂が主導するユニバーサルデザインに対する考察としては、新井英靖『アクション・リサーチでつくるインクルーシブ授業——「楽しく・みんなで・学ぶ」ために』（ミネルヴァ書房、2016年）など。

25　『西郷竹彦文芸・教育全集』全34巻別巻2、恒文社、1996-1999年など。

26　日本臨床教育学会第7回大会2日目（2017年10月22日、相模女子大学にて）シンポジウムⅡ「臨床教育学の課題と未来展望」、発表資料／庄井良信「現職教師の心的情動体験への思慮深さ——臨床教育学の問いとして」6頁。

第2節　豊かな学びをつくる１０の指針

　第１節では、駆け足ではありますが、本書の実践記録の意義を浮き彫りにするために、〈今・ここ〉を生きる現場の諸矛盾とそこにあらわれる論点についてふりかえってきました。

　この節では、共同研究３年目に作成した「豊かな学びをつくる１０の指針」（2011 年作成）を掲げます。この指針の中には、たとえば「⑥低学年から協働して、学習事項の"積み残し"をつくらない」など再検討を要するものも含まれます。しかしながら共同研究の過程で作成し、その後の共同研究の指針となったという意味を含み、作成時のまま掲げます。

　「豊かな学びをつくる１０の指針」を拠り所として共同研究に取り組み、連携６年目となる 2014 年度全国学力・学習状況調査平均正答率においては、とりわけ B 問題において大きく改善が見られるに至りました。国語Bは、県平均より 4.2 ポイント、全国平均より 3.2 ポイント上回り、算数Bは、県平均より 5.8 ポイント、全国平均より 4.8 ポイント上回る結果となったのです。

　生活困窮から移住を余儀なくされ、学ぶ権利を十分保障されてこなかった人びとが存在する地域におけるこの正答率（全国平均をもかなり上回る）については、その重みをどんなに強調してもよいといえるでしょう。

　しかしながら、その後共同研究を担ってきた教員の入れ替わりなど現場が抱える複層的な矛盾により、正答率は大きく低下しました。「豊かな学び」では、（全国学力・学習状況調査に対応する）「確かな学力」が付かないという批判も生まれ、今もこうした矛盾と葛藤のただ中にあります。入れ替わりのある教職員集団における「学びの文化」の継承と創造的発展という大きな課題に、次なるステージとして直面しています（第４章を参照してください）。

　こうした背景と今まさに直面する葛藤に想いを馳せながら、どうか「豊かな学びをつくる１０の指針」をお読みください。

豊かな学びをつくる１０の指針

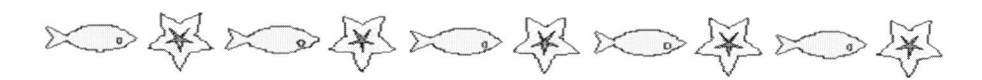

　ファストフードにファストファッション……、「ファスト（fast）」が世の中で流行して久しいです。教育の世界もその例外ではないように思えます。誰でもどこでもでき、すぐに成果が見える方法論が求められています。もちろん、そうした方法論に学ぶことも必要でしょう。しかし私たちはあえて、食育の分野で見直されている伝統的なスローフードが愛情深く心身の健やかさを育むように、手間暇かける「スロー（slow）」な道筋を選びました。「こんな子どもがいるから、こんな個性や文化的背景を活かして、このような学びをつくりたい」「この地域には、こんな興味深い素材があるから、それをどう学びに活かしていくか」など、子どもたちや地域のかけがえのない個性と対話しながら、「豊かな学び」とは何かを探究してきました。そうしたあり方こそ、借り物ではない、真の授業力、学力の向上につながり、この地域を将来担っていく子どもたちの根っこの部分で「生きる糧」となり、「生きる力」となると考えたからです。

　子どもたちの未来を切り拓くために学力向上は喫緊の課題です。一方で、目に見える点数で子どもたちのつながりや自尊感情を損（そこ）ないたくはありません。八島っ子にとって、「つながり」や「関わり合い」は命綱（いのちづな）です。「確かな学力」の保障と「豊かな学び」の創造を二元的にとらえるのではなく、「『豊かな学び』こそが『確かな学力』を育む」という立場を、対話を重ねながら、期せずして八島小の先生方と琉大チームは共有していきました。

　以下は、この３年間、子どもたちや先生方、地域の方々と対話を重ね、手探りで探り当てていった「豊かな学びをつくる１０の指針」（試案）です。

　どうか忌憚ないご意見をいただき、さらに深めたいと思います。

〈八島っ子の「学びの文化」の創造〉

①子どもたち一人ひとりの自尊感情を育み、学びの場に「居場所」をつくる

　さまざまな背景を抱えた子どもたちにとって、色々な大人や友だちが関わってくれる学校は「心の砦」となります。すべての子どもたちにとって「学びの場」が居心地よく、楽しいものであってほしい、そういう願いを八島小の先生方は強く持っておられます。

　学びの場で「大切にされている」という感覚を持つことができ、自分の思いや考えの表現が励まされ、「活かされる体験」を積み重ねていけば、自尊感情が健やかに育まれます。自尊感情が高まれば、自分の考えに自信を持ちながら、友だちの意見にも耳を傾け、自分の考えや意見を振り返ることができるようになります。学び合いの質はより深いも

のとなるでしょう。学ぶ意欲も自ずと高まります。

②子ども理解を授業づくりの出発点とし、さまざまなつながりのもと一人ひとりが輝く学びをつくる──多様な個性や文化的背景を活かしてこそ、「豊かな学び」は創られる

4年生・社会科の「昔の道具調べ」の研究授業のときのことです。オープンスペースを活かし、昔の道具の展示会場を設営し、子どもたちが調べた内容をもとに参観者に説明していく興味深い授業でした。その後の授業研究会で、「もし、道具の中に海人の道具が一つあれば、Yさん（子どもの名前）は授業の中でもっと活躍できたのではないか」という意見が出されました。Yさんのおじいちゃんは海人です。Yさんは、海人の仕事について実に詳しいのです。

2年生には、モンゴル人のお母さんを持つJさんがいます。ちょうど国語教科書に、モンゴルの民話「スーホの白い馬」が掲載されています。これを格好の機会として、モンゴルの文化に触れる場をつくりました。学びの中で、JさんもJさんのお母さんも大活躍してくださいました！（2年生の授業をご覧下さい）

モンゴル民族楽器の演奏者、モンゴルの民俗学研究者、Jさんのお母さんの英語通訳として他のお母さん、……こうした子どもたちへの愛情を核とした多層的なつながりが、「スーホの白い馬」の学びの豊かさを紡ぎ出していきました。この授業では、こうしたホリスティックな（全体がつながりあっている）学びが、結果的に子どもたちの読解力を高めました。

こんなふうに、1年間の内に色々な子どもたちに光が当たり、さまざまなつながりやかかわりによってその子が輝く学びをつくりだしていければ素敵です。どの子どもも自尊感情が高まり、学ぶ意欲が高まるでしょう。また認め合う関わりの質もぐっと深まるでしょう。

多様な個性や文化的背景があってこそ「豊かな学び」は創られる、そして「豊かな学び」は多層的な「つながり」を紡ぎだし、さらなる学びの豊かさとなって、子どもたちの学力を育んでいく、そんな「学びの輪」の楽しさや喜びを実践を通して実感し、その意義をみなで認識していきました。

③"ほんもの"（文化・実物資料・人材など）と出会わせ、子どもたちの五感や感受性、イメージ、ひいては魂に働きかける

教育の古典ルソー『エミール』（今野一雄訳、岩波文庫）は、「知識を与える前に、その道具である諸器官を完成させよ」と述べ、「感覚器官の訓練によって理性を準備する教育」の大切さを提起しています。

"ほんもの"の文化・資料・人材の豊かさは、子どもたちの五感に働きかけ、魂の奥深くを耕します。子ども時代にできるだけ"ほんもの"に出会うことは、将来にわたって生

きる糧となるでしょう。

　八島っ子は、自然や、地域の人びと、親戚、家族、兄弟などさまざまな関わり合いの中で育まれた豊かな感受性を持っています。そんな感受性に働きかけながら、知的世界に誘い、思考力や表現力を耕す道筋が有効であると考えました。

　また視覚的イメージを存分に活かした授業づくりを工夫することによって、子どもたちの思考力を活性化することを心がけました。視覚的イメージを活かし、共有する授業は、知識の多い少ないにかかわらず、誰もが参加しやすくなります。

④「ひとりのことばは、みんなのたからもの」を合言葉に

　さまざまな思いを抱えた子どもたちにとって、自分の喜びや誇らしさ、哀しみ、寂しさなどを表現し、あたたかく受けとめてくれる他者がいるということはとても大切です。「書くこと」の第一義を、「心の居場所」をつくることに求めました。それは教師の子ども理解の、そして教師と子どもとのかけがえのない対話の場となります。

　そして「ひとりのことばは、みんなのたからもの」を合い言葉に、子どもたちの書いたことに良さを認めるコメントをつけてあげたり、文集を作ってあげたりしました。自分が「書いたこと」に応答があり、「活かされる場」があるという体験を積み重ねさせ、日記指導や「学びの足あと」を記録するノート指導にも力を入れ、さまざまな場で「書くこと」を励ましました。その粘り強い支援が、自分の思いや考えを自信を持って表現するということにつながっていきます。

　こうした土壌の上に、教科学習においても「書くこと」とその交流を重く位置づけました。教科書の作品だけでなく、子どもたちはクラスの友だちの表現にも興味津々です。自分や友だちの表現が、交流によって学習材となり、学び合いの質を深め、ひいては一人ひとりの表現の質を高めていくという道筋を大切にしました。

⑤学びの場で、ペア学習、グループ学習などさまざまな関わり合いを位置づけ、学び合いの質を深めていく－つながりのなかで知を獲得していく

　八島っ子は、ゆいまーるの肝心（ちむぐくる）を豊かに持っています。それを学び合いの質を高めることにどうつなげていくかが課題となりました。研究授業でも、一人では難しいと感じる友だちを懸命に助ける子どもたちの姿が随所に見られました。

　一方で高学年になるにつれて、ペア学習やグループ学習の際、「できる子」の意見に合わせて、自分の意見を消してしまう場面が見られます。自分の考えをしっかり持って学び合いに参加するためには、①自尊感情が育っていること、②一人学びを位置づけ、根拠を持って自分の考えを表現できるように教師が手立てを工夫することが大切です。また、一人の意見を支え、補強するグループづくりも課題となりました。

　ゲストティーチャーをはじめさまざまな他者との関わり・つながりのもとに意味づけ

られ、喜びとともに獲得した知は、しっかりと根づいていきます。

⑥低学年から協働して、学習事項の"積み残し"をつくらない

低学年で学ぶことは、これからの学びの土台となります。どうしたら積み残すことなく、定着させることができるかが課題となりました。

身体ぐるみで表現させたり、視覚的イメージや親しみやすいキャラクター、生活に根ざした身近な素材を教材教具として活用したりし、楽しく学びながら、繰り返し振り返らせ、定着させる工夫を考えました。

⑦読書文化を学校文化として根づかせる

子どもたちの読書について、量はある程度読んでいるのだが、質が問題だという課題があげられました。読書環境の充実が読解力のいちばんの土台となります。

子どもたちに本を読む奥深い楽しみを知って欲しい、日常的に本にふれられる環境にしたい……そんな願いから、まず保護者、校長教頭先生、養護教諭の先生、担任以外の先生、大学教員、ゲストなどさまざまな人が読み聞かせ、ブックトークを行い、八島小の学校文化として根づかせていきました。

つぎに、図書館だけでなく、さらに日常的に本にふれることができ、また教科学習と読書活動を有機的に結びつけていくために、「読書ブランチの取り組み」を行いました。

⑧地域に根ざした学びを創造する——最終的には、総合学習「海人学習」を

八島小学校の校門には、地域の方がプレゼントしたハーリー船が飾られています。ハーリー大会で何度も優勝した縁起の良い船だそうです。地域の人びとの子どもたちの幸せを願う気持ちが感じられます。海人文化に彩られた学校です。全国的にも特色ある学校といえるでしょう、八島小では、伝統的にハーリー学習が行われてきました。その伝統に根ざしながら、調べ学習や取材をし、食育、環境問題、海の仕事の厳しさと誇り、歴史から見えてくること、地域に伝承される「伝統的な言語文化」、他地域との海を介した関わりなどを総合的に学んで、他府県に発信する本格的な総合学習を共に創りたいと夢見ています。「海」をめぐる学びは、ふだん見えてこない〈いのちのつながり〉の輪のなかに生かされていることの恵みや厳しさ、切なさ、それゆえの豊かさを浮き彫りにするでしょう。自然と共に生きてきた祖先の知恵も浮かび上がらせるでしょう。こうした学びが、地域に根ざし、知恵と誇りを持って地域を切り拓いていく「生きる力」となっていくと考えます。

〈八島小の教員文化の創造〉

⑨八島小の特色ある伝統的な教員文化を大切に継承していく

八島小の養護教諭友利良子先生や他の先生方とお話ししながら、八島小の教員文化の伝統ってすばらしいなと感じたことがあります。つぎの２点です。

（１）学年を越え、皆が子どものことを知って、声をかける。また、固有名前をあげながら、生活背景や日々の学習の様子について語り合い、共有し、あたたかく育もうとする。こうした教員のネットワークが子どもたちの「心の砦」となっている。

（２）「将来にわたって、この地域の人びとと共に生きていけるように育てる」という強い願いを持ち、子どもたちを協同で育む。

とりわけ（２）は離島ならではの文化かもしれません。八島小の先生方にとってはあたりまえのことかもしれませんが、琉大チームは、こうしたあり方に深い感銘を受けました。これらを「価値ある伝統的な教員文化」として若い世代へと自覚的に受け継いでいくことが、子どもたちの学力を保障していく礎（いしずえ）となるのではないでしょうか。

⑩子どもたちの学びの姿から出発し、「豊かな学び」を真摯に協働で探求し、学び合う授業研究会

共同研究会３年目の校内研の風景です。「これまで書けなかった子どもが、こんなふうに書きたいことを見出し、こんなふうに思いの伝わる文章を書けるようになったんですよ！」と喜びにあふれて生き生きと語り合います。子どもの姿を丁寧に見取る姿勢がひしひしと伝わってきます。

ただ「講話」を聞いたり、評価されたりという一方通行的なあり方に慣らされてしまったら、もしかしたら先生方の本来の力や熱意が削ぎ落とされてしまうかもしれません。あくまで足元の子どもたちの学びの姿から出発し、双方向的に語り合い、学び合い、それによって参加者がエンパワーされ（力づけられる、本来の力を発揮する）、結果として子どもたちがエンパワーされる授業研究会をめざしました。

以上は、「当たり前のこと（凡事）」かもしれません。八島っ子は「つながりあう知」の大切さを教えてくれました。八島っ子から学んだこのかけがえのない「たからもの」をこれからも大切に育んでいきたいと思います。

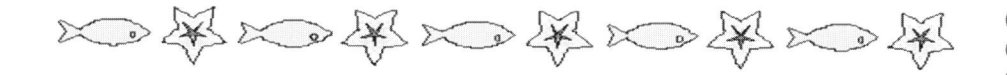

第3節　実践編　学びとケアをつなぐ

馬頭琴の音色を通して、命のつながりを紡ぐ

「スーホの白い馬」の学び ☆2年・国語

はじめに──絵日記を読み合い、聴き合う

2年生の「生活科」の授業のときのことでした。それぞれの絵日記をテレビ画面に映し出します。それを皆で見ながら、自分の絵日記を声に出して読み合い、聴き合います。そのとき、発表された絵日記の文章を紹介します。

〈誇らしさや喜びの表現〉

こうたさん

お父さんと石垣一しゅうしました。石垣は、あんなに海がキレイなんだなと思いました。

たくとさん

お母さんと自分でゆう（注、弟の名前）にミルクをあげたこと。

ゆうにミルクをあげるときは、どきどきします。ゆうがミルクをのんでいるところを見たら、おいしそうだなぁと思いました。これからもゆうのせわをしたいです。ゆうはミルクをのんでいるところが一番かわいいです。

こうたさんの日記からは自分の住む場所への素直な誇りや感動が伝わってきます。お父さんといっしょに「一しゅう」したからこその感動でしょう。たくとさんの日記は、お母さんといっしょに弟に「ミルクをあげたこと」を伝えています。「自分で」という表現に、世話される側からする側になった誇らしさが読み取れます。

モンゴル人の母親をもつじゅんさんの日記（図1）からは、お母さんにほめられたうれしさと誇らしさが伝わってきます。

図1　じゅんさんの日記

〈哀しみや寂しさの表現〉

ゆうきさんは、この頃授業中すぐ泣き出したり、ごろんと横になったり、情緒が不安定でした。その背景がこの日記（図2）から伝わってきます。この日記の絵の中で「ねて

る」お父さんの顔は笑顔で楽しそうです。お父さんが好きだからこそ、もっといっしょに遊んだり、話を聞いたりしてほしいのでしょう。

図2　ゆうきさんの日記

図3　みゆきさんの日記

　みゆきさんのご両親はビンひろいの仕事のため、夜遅くなります。みゆきさんの発表を聞いて、かんたさんが「ぼくのおばあちゃんも同じお仕事しているよ」と発言します。共感し、支え合うかかわりが見えます。図3の具体的な「一じ」という数字に、みゆきさんがいっしょに仕事について行っているか、あるいはご両親が帰ってくるのを寝ないで待っているのか、考えさせられます。ご両親の働く姿への誇りと、かかわってもらえぬ寂しさの双方がひしひしと伝わってきます。

　子どもたちはときに笑顔でときに真剣な表情で聴き入り、終始温かい雰囲気でした。全員（20名）が終わるまで2時間（90分）かかりましたが、集中力がとぎれることはありませんでした。

　低学年なりに独りで自分と向き合い、喜びや哀しみ、誇らしさなど真情を表現した文章を、いったん自らの〈声〉を通してクラスのみなに語り伝える、それはかなり勇気の要ることでもあります。担任の先生の力強い支持のもとに、照れくささや恥ずかしさを乗りこえて「伝えた」言葉を、教室の仲間がしっかりと「聴いてくれる」＝受けとめられる体験を経て、教室での「居場所」がより確かなものとなります。その「居場所」こそが、話し言葉や書き言葉の発達の礎となるでしょう。

　またこの日記を通して、子どもたちの生活背景や思いに触れ、日々の生活に追われる家庭や子どもたちにとって、「早寝早起き朝ごはん」がいかにたいへんなことか、家庭に帰責しては決してならないことに気づきました。そして、子どもたちにとって教室が「大切にされている」という実感を伴う「居場所」となり、そこでの学びが豊かなものとなることをより強く願うようになりました。

1.「スーホの白い馬」の学びに取り組む

　このクラスで共同研究の一環として、国語教科書（光村図書2年下所収）にあるモンゴルの民話「スーホの白い馬」（大塚勇三再話）の学習に取り組むことになりました。民族楽器・馬頭琴の由来を語り継いだお話です。とのさまによって大好きな白い馬と引き裂かれるスーホに、八島っ子は共感していきます。モンゴルの人びとが、馬とともに理不尽な状況を乗り越えてきた絆の深さが伝わる民話です。「スーホの白い馬」の単元を、じゅんさんの母文化の尊厳を学ぶ格好の機会と考えて学びを創っていきました。母文化の尊厳を学び合うことで、かかわりあいの質は深まりゆくでしょう。

2.　単元の全体像

　まず、単元の全体像を紹介します。

導入　「スーホの白い馬」との出会いを生む

　「馬頭琴の生演奏会」を企画しました。"本物"の文化の豊かさは、子どもたちの五感に働きかけ、魂の奥深くを耕します。子ども時代にできるだけ"本物"の文化に出会い、その豊かさに触れてほしい——そう願ったのです。

　つぎに、じゅんさんのお母さんゲレルさんに、学びへの参加をお願いしました。本校の英語のアシスタントティーチャーを勤めるゲレルさんは、子どもたちへの願いをこめ、モンゴルの暮らし、おもちゃ、遊びなど、実物も準備して実に豊かな内容でお話ししてくださいました。ビデオも見せてくださいました。出産に疲れ果てた駱駝のお母さんを草原に響き渡る馬頭琴が癒やし、子育てへの意欲をとりもどすまでを追ったドキュメンタリーです。英語の通訳については、クラスの他の児童のお母さんが進んで担当してくださいました。つながりがつながりを生みだします。大学で民俗学を研究する辻雄二（共同研究者）は、モンゴルの人びとの家に実際に暮らしながら調査研究を行った経験を活かし、モンゴルの人びとと家畜となる動物とのかかわりについて話しました。

　こうした子どもたちへの愛情に満ちたさまざまなかかわりあいやつながりが、子どもたちの「学びの豊かさ」を紡ぎ出していきました。

「スーホの白い馬」の読み深め

　「導入」で、モンゴルの人びとと馬の絆の深さを学んだ子どもたちは、「スーホの白い馬」の読み深めに夢中で取り組みました。折々に「書くこと」を位置づけ、文集「ひとりのことばはみんなのたからもの」を作成し、「読むこと」と「書くこと」を関連づけ、書いたものの交流を大切に読み深めました。

最終の言語活動

　最後には、「スーホの白い馬」のすばらしさを1年生に紹介する言語活動を行いました。

3．子どもの学びの姿

　「導入」の「馬頭琴の生演奏会」と、ゲレルさんと辻雄二によるモンゴルの暮らしについての講演会は、2時間にわたる会でしたが集中力が途切れることはありませんでした。

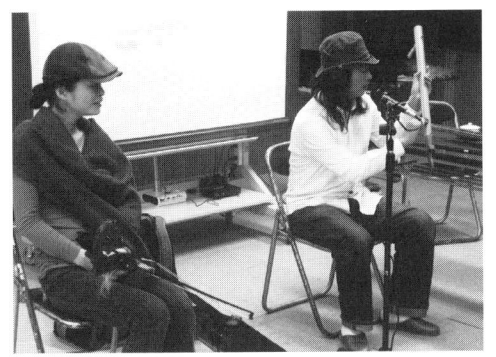

図4　コウサカワタル・末留かおるさん
による馬頭琴生演奏会

図5　馬頭琴をさわる子どもたち

図6　ゲレルさんの講演会

図7　聴き入る子どもたち

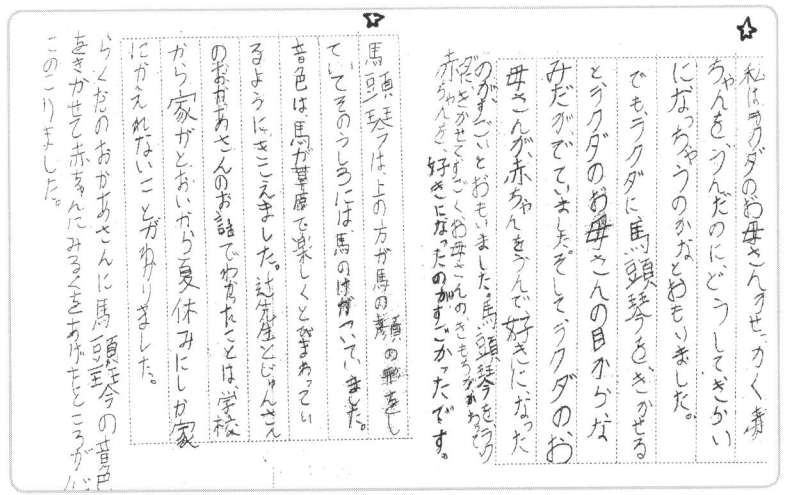

図8　演奏会と講演会の子どもたちの作品

　とりわけゲレルさんが見せたドキュメンタリーのなかで、草原に響き渡る馬頭琴の音色が出産で疲れ果て子育てを放棄する駱駝のお母さんをなぐさめ、そのまん丸な大きな目からぽろりと大粒の涙がこぼれる場面は子どもたちの心を深くとらえました（図8）。馬頭琴の音色が生み出す、命と命の交響ともいうべき神秘を感じ取っていることが伝わります。

　民俗学者辻雄二の話では、つぎのような学びの姿が生まれました。

　図9は、「モンゴル」の場所は「ここだ」と示すじゅんさんの姿です。クラスの友だちから「当たったよ」「イエイ！」という声があちこちから起こり、じゅんさんは自分の席に帰るときに笑顔と拍手で迎えられました。その誇らしさに満ち満ちた様子（図10）は、それまでモンゴルに無関心であった子どもたちにじゅんさんの存在と母文化の豊かさをあらためて強く認識させ、認め合うかかわりを深めたのでした。

図9　「ここだ」と示すじゅんさん　　　　図10　誇らしさに満ちたじゅんさんの様子

　ちょうどこの時期、家族との関係性のなかで不安定な状況にあり、学習になかなか集中できなかったゆうきさんは、「導入」の学習の際、目を輝かせて聴き入っていました。家に帰るなり、「じいちゃん、モンゴルって知ってるか」と語りかけたといいます（祖父の語りに拠る）。

　クラスで日頃いっしょに学ぶじゅんさんの母文化を、じゅんさんとともに学ぶという学びの文脈のもとで、「スーホの白い馬」の学習が「遠い国のお話の勉強」ではなく、「自分と他者との関わりの文脈に位置づく固有の学び」として意識化されていきました。子どもの生きる文脈に根ざして学びをつくり、つながりを紡いでいってはじめて学ぶ意味が生成します。

　「導入」の会を終えての感想です。

★白い馬さん、馬頭琴になってくれてありがとう。さいしょにきいたときにかんどうしたよ。

★いつも、（注、にんげんが馬さんをいろいろと）つかって、ありがとうございます（じゅんさんの感想）。

★だいじに思っているよ。

★モンゴルの人が、馬を一番大切にしていることがわかりました。

★馬頭琴は、人だけがうれしくなるんじゃあなくて、どうぶつもうれしくなるということがわかりました。

★馬、しんでもいつもいっしょにいようね。

★いつも、みんなにとってとてもいい馬でいてほしいです。やくにたってほしいです。

　馬とともに暮らすモンゴルの人の思いを受けとめ、馬への感謝や願いの言葉を綴ってい

ます。こうした感想は、「ひとりのことばはみんなのた
からもの」という文集にして、配りました。自分が書い
たものが学習集団で活かされるという実感が湧くことに
よって、みんな、書くことに意欲的になります。考えを
発信し、受け容れられる体験を重ねることを通して、自
ら考える主体としてエンパワメントされます（勇気づけ
られます）。互いの思いや考えを読み合うことを通して、
集団としての考えが深まるとともに、互いを認め合う関
わりが深まります。こうした文集作りは、読み書き文化
になじみにくい風土にあって、主権者としていかに書き
言葉を自らのものとしうるかという課題に取り組んでき
た日本独自の教育遺産・生活綴方の伝統に学んだ方法論

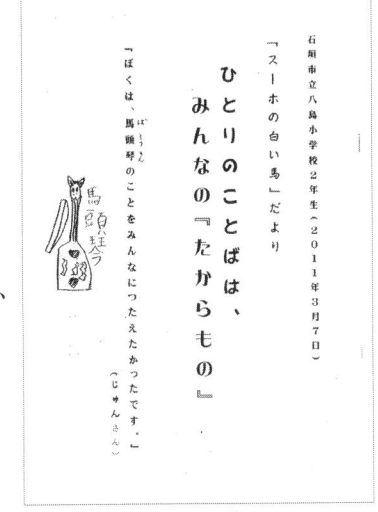

図11　文集

です。書くことの交流は、競争したり排除したりする関係性をケアリングの関係性へと編
み直す土台形成において重要な役割を担うといえるでしょう。

　書いたものを交流することによって読みも深まっていきます。こうした「読むこと」⇔
「書くこと」の交流という往還によって読みを深めていきました。

　「読み深め」では、つぎの4点を核として進めました。

①スーホが出会った白馬を兄弟のように思う気持ち

②その二者の関係を切り離すとのさまへの強い憤り

③殺された白馬を愛情をこめて「馬頭琴」へと作り変え、ともに居るという思いをこめ
　て馬頭琴を弾いたスーホへの共感

④このお話を通してモンゴルの人がいかに馬を大切にし、馬頭琴に深い思いと誇りを抱
　いているか

　読み深めの授業ではスーホに寄り添い、「とのさまはひどい！　何で？」と悲鳴のよう
なつぶやきも生まれました。③で生まれた子どもたちの表現を紹介します。

〈「もしわたし（ぼく）がスーホだったら」とスーホの思いを想像した表現〉

★もしわたしがスーホだったら、白馬がころされたきもちは、くやしいです。しんだけど
　いっしょにそばにいたいから馬頭琴を作った。

★ばとうきんをつくったあとは、どんなにおもいましたか。ゆめからさめたら白馬を思い出
　すほどむちゅうでした。ぼくが、スーホだったら、ないているとおもいます。白馬のこと

をおもいだしてないていると思います。

★王さまにころされてかなしいおもいをしてばとうきんをつくった。上にうまがついているから、いきているみたいにいられて、いつもいっしょ。

★スーホは、とのさまに白馬をとられたことや、しんだことがいやでくやしいきもちで馬頭琴を作った。そしてひいてみたら思い出がいっぱいよみがえって白馬がいるようにおもえた。

〈スーホと対話している表現〉

★ゆめをみてよかったね。白馬ころされてくやしいきもち。馬頭琴をこわさないでね。こわしたら、白馬をころしたといっしょだよ。ずっと生きて、生きていてね。

　　馬頭琴を外にでてひくときは、白馬とあそんでいるようなときをおもいだしながら、ひかせてください。白馬のゆめを見て、ほんとうによかったね。

★「生きれよ、生きれよ。おれの白馬」。スーホは、ゆめのようにくみたてました。スーホは、馬頭琴ができたら「やったあ」というきもちです。なぜ「やったぁ」という気持ちかせつめいすると、馬頭琴をつくって白馬がよみがえったみたいだから。

〈物語として、行間を想像＝創造した表現〉

★このがっきを作れば、いつも白馬といっしょにいられる。だからたいへんでも作ろう。そしたらえいえんにずっといっしょにいられるから。

　　「白馬、がっきが出来たら、この先、ずっといっしょにいられるよ」

　　「さあ、もうひとがんばりだ」

★王さまに、白馬をとられてしまって、ころされてくやしいきもちだった。白馬とずーっとそばにいたかった。とってもくやしかった。とってもかなしかった。

　だけど夢の中に、白馬がいた。白馬をなでると白馬が、

　「かなしまないでっ」

　と言った。そして、白馬のほねやかわやすじや毛をつかったがっきをつくった。くやしかった。かなしかった。

　　作っているうちに、頭のなかにうかんで来た。スーホは、馬頭琴をひいて、白馬にのって草原を回った。楽しさやいろいろな思い出を思い出した。王さまがにくいと思っている。

　　でも馬頭琴は白馬だから、

　「ぼくの白馬はまだなくなっていない。まだしんでいない」

　と今、心の中で本当に思っている。

スーホに語りかけたり、「ぼくがスーホだったら」「わたしがスーホだったら」と自分と重ねたり、スーホという他者と対話し、その思いを想像して書いている文章が多く見られ

ます。つづき創作のように作者になり切って書く文体も生まれました。書くことが苦手だと言われていた子どもたちでしたが、書いたものの交流を積み重ねるにつれ、みんな、書きたくてたまらなくなり、表現があふれ出るようになっていったのです。

　そんな中一人、書くのが辛くなっていたのがあやこさんでした。おそらくいろいろなプレッシャーを抱えて、深く考えるがゆえに書くことが大きな壁となっていたのでしょう。「ひとりのことばはみんなのたからもの」という言葉が抑圧的に働くのは、はたで見ていてとても辛いことでした。「無理して書かなくっていいんだよ。うんと考えているのがわかるからね」と声かけに努めましたが、あやこさんが、うんと考えて書いてきたのが次の文章です。

★わたしがスーホだったら、大好きな白馬がころされたら、なくと思います。なぜなら、スーホの気持ちになってわかりました。スーホは、白馬のことが大好きだし、大切にして、大きくそだててきて大好きになったけど、とのさまに、白馬をころされてまもれなかった、くやしさや、かなしさで、白馬にずっとそばにいてほしかったから、馬のすじやほねやかわや毛で馬頭琴を作ったんだと思います。
　☆☆わたしからのメッセージ☆☆
　スーホに、白馬をまもれなかったくやしさでこうかいしてほしくないです。

「わたしがスーホだったら」と想像力を働かせて、大好きな馬にずっとそばにいてほしくて馬頭琴を作ったわけを追体験しています。その上で、スーホに「わたしからのメッセージ」を伝えています。書くことを通してあやこさんは、スーホと懸命に対話を重ねてきたのですね。「白馬をまもれなかった」のはスーホのせいではない、後悔してほしくないというあやこさんの優しさと願いに胸を衝かれます。それ程までにスーホと対話を重ねてきた足あとが伝わりました。

　最後に、「いちばん心にのこった場面」の絵と感想を書き、1年生に紹介する言語活動を行いました。

図12　1年生に紹介

図13　いちばん心にのこった場面の絵

じゅんさんの紹介文です。

　　スーホは、ゆめでいいアイディアをおもいつきました。夢で、白馬が、「ぼくの体でがっきをつくってください」といったところがいいアイディアです。馬頭琴をひいたら、白馬とスーホはいつもいっしょにいられました。ぜひよんでください。

　馬頭琴を弾くから、いつもスーホは白馬といっしょにいられたのですね。モンゴルの人びとが馬頭琴にこめた思いを受け取り、「スーホの白い馬」の世界の本質を1年生に伝えています。

4．ゆうきさんのサブストーリー

　さてここで先に登場したゆうきさん（図2の日記参照）に注目して、その表現を紹介します。

〈導入の感想〉
　馬頭琴の音は、いやされる音でした。

〈スーホが馬頭琴を作るときの思い〉
　かなしいです。ほねをさわるのがいやですが、がんばってつくりました。とのさまが矢でしなせてってゆうのがいやです。とのさまがころしたかなしみやくやしさがいやです。ぼくがスーホだったら、いやです。馬頭琴は白馬をつれていくとおなじです。

〈モンゴルの人になって、馬頭琴に語りかける発問に〉
　かぞくのようでした。たいせつなかぞくをまもっていてね。ばとうきんになってくれてありがとう。

〈1年生に「スーホの白い馬」を紹介する文章〉
　どうしてこの場めんをえらんだかというと、「聞く人の心をゆりうごかすのでした」というところが心にのこりました。馬頭琴は、心をゆりうごかすどうぐです。ぼくは、馬頭琴の音を聞いて、心がいやされました。1年生にもきかせてあげたいです。

　スーホが馬頭琴を作るときの「ほねをさわるのがいやです」というゆうきさんの表現にハッとさせられました。自分が慈しみ、一体化していた白馬が理不尽にも殺され、死体として分解されてしまったその骨を触って馬頭琴を作らねばならないスーホの身体感覚＝痛みが、ゆうきさんの言葉を介してまざまざと浮かび上がってきました。スーホの痛みを自

らの内に湧き起こらさせなければ発せられない表現です。ゆうきさんの他者の痛みを我が痛みとする感受性に胸打たれるとともに、「読解」にとどまらない、登場人物になって想像する文学体験（＝共体験）を経た読みの質の深さをあらためて感じさせられました。

　今日、文学の授業でも明示的な「論理」を獲得することをめざす潮流が影響力を増してきています。そうした授業では、ゆうきさんの読みのように、目に見えない「情動の領域」（ヴィゴツキー）は価値のないものとして切り捨てられてしまうでしょう。しかし文学教育の歴史においては、文学の読みの授業だからこそ育む見方・考え方＝異なる視点に立つ他者（この場合、スーホ）への想像力＝文学的思考力が大切にされてきました。ゆうきさんの読みは、こうした文学的思考力の鋭さや豊かさを感じさせます。「ゆりうごかす」という複合動詞の言語感覚を、ゆうきさんなりにしっかり受けとめて自分の語彙とし、1年生に向けて紹介していることも注目されます。

　ゆうきさんの表現には、「いやされる」や「かぞく」という言葉が繰り返し用いられています。「かぞくをまもっていてね」という語りかけに、ゆうきさんの思いが垣間見えます。生演奏会や草原で駱駝のお母さんに語りかける馬頭琴の音色が、ゆうきさんの心身に「命が多様なつながりのもとに慈しまれて在る感覚」を呼び起こしたのでしょう。ゆうきさんにとって、そのつながりの象徴が「かぞく」なのでした。

　その後、ゆうきさんはある事情で大好きな「かぞく」と離れ、転校を余儀なくされました。「スーホの白い馬」の学習がどうか折節に想い起こされ、ゆうきさんを支えつづけることを願わずにはいられません。

おわりに

　文学教材はそもそも〈生きる問い〉や願いと切り離せません。国語科における文学教材の読みを「読み方」指導（読解の技能の指導）に限定すると、文学教材の本質（他者への想像力、異化する見方・考え方）が活かされません。馬とともに生き、理不尽な状況を切り拓いてきたモンゴルの人びとの思いや願いを語り継ぐ民話の本質に迫るために、本単元では馬頭琴の生演奏会を位置づけ、「五感に働きかけ、魂を奥深く耕す」「つながりを活かす」など総合学習的なデザインを試みました。

　こうしたデザインは、第1節で述べたように、「見えないペダゴジー」（教授者の意図やアチーブメント〔達成度〕が客観的に見えない教授法）と呼ばれ、それで果たして「確かな学力」が身につくのか、議論となっています。しかしながらこの単元においては、単元毎に毎回行っている読解力テストでふだんより好成績（平均点で9点向上）を収める結果になりました。壮大な草原を想起させる馬頭琴の音色やゲレルさんの愛情のこもった語りを通して、子どもたちが「スーホの白い馬」の世界に引き込まれ、結果的に文学教材固有の教育内容において、通常より高いアチーブメントを示すに至ったのです。スキル主義と

はまったく異なる志向性、すなわち "本物の文化にふれる" "クラスの一人をかけがえのない存在として認め合い、自尊感情を育む" "子どもたちの周りにいる多様な他者とのつながりを紡ぐ" など「目に見えない」学びの文脈を豊饒化する道筋をいったん経ることが、「目に見える」アチーブメントとしての学力を高める有効性を実証する学習となりました。

　このことが投げかけるものは深いです。

　一つは、命や存在への奥深い承認（自尊感情へとつながる）があってこそ学びへの意欲が高まり、一人ひとりが学びの場で生きるということです。

　「馬頭琴のことをみなに知ってほしかったです」と書き、モンゴルの位置を示して拍手で迎えられる誇らしげなじゅんさんの姿からは、日本語と格闘しながら自尊感情を育んでいる様子が見えます。「じいちゃん、モンゴルって知ってるか」「馬頭琴の音にいやされました」というゆうきさんの表現からは、先験的に誰もが慈しまれ、多様な命がつながり合っていることへの気づきが感じられます。学びの場が、子どもたちの抱えたさまざまな葛藤を解きほぐし、違い（馬と人、モンゴルと八重山……）をこえて命をつなぐ働きを持つことを、「スーホの白い馬」における子どもの学びの姿や表現は示しています。

　二つは、「書くこと」とその交流の意味についてです。

　命が全連関的につながりのもとに慈しまれているという受容や承認の土壌があってこそ、社会へ自らの思いや考えを発信する主体としてエンパワーされます。自尊感情の土台や生きる文脈とのかかわり抜きにして、書く力が子どもを勇気づけ、子ども自身の生きる力として身に付くことはないでしょう。

　また、書いたことを交流し合う「ひとりのことばはみんなのたからもの」という文集作りは、書くことを介して学習集団の考えや読みを深めるのみならず、互いの認め合いの質を深め、ケアリングの関係性を編む上で重要な〈場〉となりました。

　三つは、子どもの生きる文脈と響き合う学びの固有の意味です。

　この学習は、ゆうきさんの「かぞく」への強い思いをはじめさまざまなサブストーリーも生み出しました。これは、教科学習の枠組みでは評価されない領域ですが、固有名詞を持つ子どもの生きる文脈ではかけがえのない意味を担っています。「見えないペダゴジー」は、教科学習をこえて子どもの内に生成する固有でかけがえのない意味を「学びの豊かさ」として正当に位置づけることも可能とします。

　「スーホの白い馬」の単元における子どもたちの学びの姿は、教科学習を全連関的な学びへひらくことの豊かで確かな可能性を示しています。

（村上呂里）

【実践２】

ケアリングとして教科の学びを編み直す

説明文「どうぶつの赤ちゃん」の学び ☆１年・国語

１．学級づくりにおける教師の思いとゆりさん

　１年生のゆりさんは、人なつっこく優しく、八島小学校を訪れる人には抱っこを求めて歓迎してくれます。授業の途中でも時に担任に抱っこをしてもらわなければ落ち着きません。一方で誰かが困っているとすぐに手をさしのべて世話をします。担任のひなこ先生は、そんなゆりさんとスキンシップを大切にかかわってきました。

　ひなこ先生は学級づくりにおいて「どの子どもにも居場所をつくる」ことを心がけ、「お家でいろいろ抱えていることを聞いてあげること」を大事にしてきました。学級びらきのときには、「みんなが自分の思いを話してくれることで、先生はみんなのことがわかるから何でも話してね」と語りかけ、子どもの話を聞くことを大切にしています。

　また、自身の子どもが生まれてからは「私のどこかを触ることで子どもが安心する」と強く認識するようになり、それ以来、教育実践においてもスキンシップを大切にするようになりました。「先生という立場もある」が「みんなを守ってくれるのは、私よ」という思いでやってきました。

　ひなこ先生の語りで注目されるのは、子どもの目線に立った「守ってくれる」という表現です。そして、それは「私」と語ります。子ども目線の語りを自然にすべりこませているのです。その姿勢をひなこ先生は、「学校のお母さんという感じかな」と語っています。ジェンダーバイアスのかかった表現ではありますが、こうした情動ぐるみ受容しケアを体現するひなこ先生の身体性とまなざしは、以下の実践の土台となります。

　ゆりさんは、入学当初は遅刻が多く、学校に来ても校門から「一歩ずつ」しか歩けませんでした。５月頃からだんだん安心して教室に来るようになり、ひなこ先生は「遅刻してもいつも休まないで来るのは偉いね」と声かけに努めてきました。この学級ではペア活動を大切にするため、隣席のゆうたさんと仲良しの光景がしばしば見られるようになっていきました。こうして次第にゆりさんと周りの友だちとの間に、世話したり世話されたりの関わりが育まれていきました。

２．学びづくりへの願い

　ひなこ先生がずっと気になっていたのは、授業参観にゆりさんの母親のかほりさんが来られず、その度にゆりさんが「また、ゆりのお母さんだけ来てくれない」と寂しそうに言っていた様子です。かほりさんが小学生の頃、ひなこ先生は同じ学校で先生をしていま

した。とてもがんばっていたかほりさんの姿が心に残っており、「ほんとうは来たいはずなのに、仕事が忙しかったりいろんな事情があったりで来られないのだろうな」と感じていました。ゆりさんとかほりさんの双方の寂しさや思いが、常にひなこ先生の心の中にありました。

　12月のあるとき、学級を筆者が訪問したときのことです。ゆりさんは、年賀状の宛先を隠しながら、「誰に書いたと思う？」と何度も問いかけてきました。

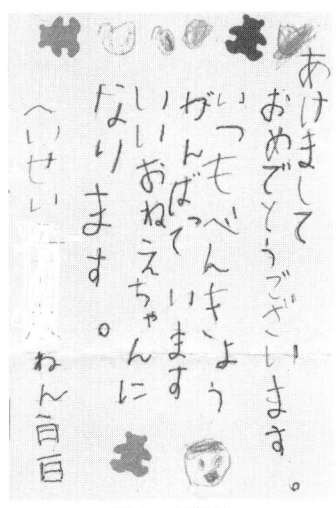

図1　年賀状

「わかった。ひなこ先生？」

「ちがう」

「じゃあ、ゆうたさん？」

「ううん」

「うーん、わからない」

「あのね、あのね、ないしょだよ」

　こんなにも語り惜しみする相手とは誰なのでしょう？

……

（間）

「あのね……、お母さん」

「へえ〜、そうなの！」

そう繰り返しながら、どこか言いたくてたまらなそうです。

──「あのね、あのね、お母さん、赤ちゃん産むんだよ」

　ひなこ先生によれば、「ないしょだよ」と言いながら、うれしそうに先生や友だちみんなに伝えており、周知のことだそうです。──そう、ゆりさんはお母さんのお腹にいる赤ちゃんを思い、お母さんを助けたいと思いながら、妹の世話や仕事などで忙しいお母さんに甘えることができない寂しさや葛藤、そしてもう一人の妹が生まれる喜びを抱えていたのでしょう。寂しさや葛藤を抱えながらもお母さんに認めてほしくて、「いつもべんきょうがんばっています。いいおねえちゃんになります」とお母さん宛てに書いたのでしょうか。

　ちょうどその頃、1年生国語教科書にある説明文「どうぶつの赤ちゃん」（ますいみつこ）（光村図書・1年下）の学習を準備することとなりました。ひなこ先生は、この単元でゆりさんを支え、お互いの認め合いを深める学びを創りたいと願うようになっていました。そのとき、「タイミング良く」かほりさんが「おめでた」で赤ちゃんがお腹の中にいたのです。ゆりさんのみならず「お母さんもいっしょに輝かせたい」、そんな強い願いがひなこ先生の中に生まれていきました。「どうぶつの赤ちゃん」を学習材とする学びによって、多様な育ちの子どもたちが認め合いを深め、自他の育ちをまるごと承認していけるような学びを創っていきたい──そんな願いから、ひなこ先生は早速かほりさんにゲストティーチャーとして来てもらいたいと電話をしました。受けて下さるか心配でしたが、小

学校時代から信頼しているひなこ先生の言葉にかほりさんは快く承諾してくださいました。

　こうした経緯のもとに、単元「ちがいをかんがえてよもう―『どうぶつの赤ちゃん』を通して―」の学びは生まれていきました。

3. ケアの観点から見る説明文「どうぶつの赤ちゃん」

　ここでケアの観点から、説明文「どうぶつの赤ちゃん」の学習材としての可能性について確認しておきます。

　最近、テレビ等でパンダの赤ちゃんのシャンシャンの愛らしい姿が度々放映されます。動物の赤ちゃんは、どの赤ちゃんもケアする心を呼び覚まします。その姿を見ていると自ずと笑みがこぼれてきます。それは、決して母性原理に還元されるべき質のものではなく、生まれた命を慈しみ、育み、継いでいかねばならない自然界の厳しい摂理に根源的には基づくと考えられます。1年生最後の説明文教材「どうぶつの赤ちゃん」の筆者・増井光子（ますいみつこ）は、獣医学者です。『どうぶつの赤ちゃんはなぜかわいいの？』（集英社、2008年）という書で、「幼いうちは、ともかく大人の攻撃心を抑え、みんなに子どもと認められ、保護してもらわねばなりません」（31頁）と述べています。

　数々の動物園に勤め、動物の生死を間近で見つめてきた獣医学者によるこの説明文は、「百獣の王」と呼ばれて雄々しいライオン（肉食動物＝食べる側）ですが、意外なことに赤ちゃんのときは弱々しく、一方弱々しいしまうま（草食動物＝食べられる側）の赤ちゃんの方が食べられないために早く自立することを対比的に描き出しています。捕食関係にある二者を対比させることで、自然界の厳しい摂理と赤ちゃんの多様な育ちのかかわりを小学校1年生にわかりやすく説明しています。（しまうまの赤ちゃんは生まれたときに）「もう」「目はあいていて、耳もぴんとたって」いるなど、殺されないために感覚が研ぎ澄まされる様子が、実感的に想起できるように表現が工夫されています。「じぶんでつかまえてたべるようになります」「じぶんで立ち上がります」「じぶんで草もたべるようになります」など「じぶんで」という言葉が一つのキーワードとなっており、本来生まれたときどんな動物（たとえば「百獣の王」ライオン）もケア（世話）されながら自然界の摂理と対峙し、自立していくプロセスが描きこまれています。自然界の摂理に根ざした多様な育ちのありようをめぐっては、大人にとっても「ケア」をめぐる深い思索に誘われます。

　動物の赤ちゃんの育ちを説明するこの説明文は、ケアの視座からの実質的なカリキュラム再編を考えるとき、可能性に富むテキストとなるでしょう。

　ひなこ先生にとって、「どうぶつの赤ちゃん」はこれまでも何度か実践してきた学習材でした。しかし、そこに描き出されたケアと自立をめぐる各々に必然性のある関係性や筆者の論法の工夫が、目の前の子どもたちの育ちとのかかわりにおいてより一層身に迫ったものとして見出されていきました。

４．単元デザインと子どもの学びの姿

　ひなこ先生は先述したような願いと学習材観のもと、以下のように学びをデザインし、実践しました。まず、その概要を示します。

図2　学習指導案表紙

図3　教室掲示／どうぶつの写真

　図2は、学習指導案の表紙です。クラス全員の描いたイラストでいっぱいの学習指導案に、「一人ひとりの子どもに居場所を」と願うひなこ先生の教育実践思想が具現されています。

[事前学習]

　①教室環境デザイン

　教室中を、いろいろな動物の赤ちゃんの写真や自分や友だちが赤ちゃんだったときの写真で囲むことにしました。そしてその写真に語りかける言葉を付箋紙に書いて貼り、ケアの心を呼び覚ますところから学習を出発させました（図3）。

　②読み聞かせ

　ひなこ先生は必ず単元の始めに、主題と関わりの深い本の読み聞かせを位置づけています。市立図書館司書や学校司書と協力し、選書します。今回は、竹田津実作・あべ弘士絵『どうぶつさいばん　ライオンのしごと』（偕成社、2004年）を読み聞かせしました。この教材は、動物にとって食べる＝殺すという行為も生態系を維持する上で大事な「しごと」であることを伝えています。非常に厳しい関係を投げかける内容と考えられますが、次のような感想が生まれました。

　＊ヌーの赤ちゃんへ　おかあさんなくしてつらい？　ぼくもおかあさんをなくしたらつらい
　　よ。1人でがんばってね。

＊おかあさんがいなくてもがんばっていきのびてね。

＊ヌーの赤ちゃんへ　「おかあさんがいない」とないていたけどほかのヌーのおかあさんに
　たすけられるかもね。げんきでいてね。

ヌーに寄り添いながら、食物連鎖の厳しい摂理を読み取っています。

③自分の育ちのプロセスを家族に聞いてくる

自分の育ちをもとにすれば、ライオンの赤ちゃん、シマウマの赤ちゃんの育ちを実感
的に理解することができるだろうとの思いのもとに、ひなこ先生は「初めて立ったのは
いつ？」「ご飯を初めて自分で食べたときの様子は？」など家族の人に聞いて書いてもら
う宿題を出すことにしました。これは、クラス全員に自分の育ちと成長を見守ってくれ
た家族が身近にいることに十分留意した上で出した宿題です。「どの子も提出するときに、
とってもうれしそうに持ってきた」とひなこ先生は語ります。自分の育ちを見守ってくれ、
支えてくれた他者の存在を改めて認識することができたゆえの「とってもうれしそう」な
表情でしょう。

④ゲストティーチャー・かほりさんによる授業「お腹の赤ちゃんはどう育ったか」

つぎに、ちょうどお腹に赤ちゃんのいるかほりさんをゲストティーチャーとして招き、
ゆりさんがどんなふうに育ってきたか、お話ししていただきました。ゆりさんが赤ちゃん
だったときのお母さんの思いを語ってもらうことで、ゆりさんはお母さんの愛情を、友だ
ちに囲まれた場で確認することができるでしょう。また、クラスの身近な友だちの育ちを
聞くことで、あらためてそのプロセスの重みを感じ取り、子どもたちは動物の赤ちゃんの
育ちを“自分ごと”として考えながら読むことができるでしょう。

この時の学びの様子については、次項で詳しく述べることにします。

[説明文を「読むこと」と「書くこと」をつなげた学習]

①自分の育ちをもとに、ライオンとしまうまの赤ちゃんの育ちを比べて読み、それぞれの育
　ちの多様性のわけを考えて読む

「問い―答え」「対比」「つなぎ言葉による論理関係」などの「説得の論法」（西郷竹彦）[1]
とともに、「子ねこぐらいの大きさ」「目や耳はとじたまま」「もうやぎぐらいの大きさ」
「目はあいていて、耳もぴんとたって」など様子を表現する言葉に注目し、動作化したり、
自分の育ちと比べたりなどのプロセスを大切に、実感的に読み深めていきました[2]。

②「しまうまじまん」「ライオンじまん」「自分じまん」を書き、それぞれの育ち方を自慢する

自分の育ちをもとに、ライオンとしまうまの赤ちゃんの育ちを比べて読み、それぞれの
育ちの多様性のわけを考えて読みます。それを踏まえ、赤ちゃん同士がそれぞれ自分の育
ちを「じまんしながら」お話をするという設定で書きます。「じまん」としたのは、育ち
方の違いをそれぞれの自尊感情につなげたいという担任団の願いによります。

（ライオン）「2か月ぐらいはおちちだけのんでいるけどそのあとは、ママのとったごはんもた
　　　　　　べるのよ。おかあさんやなかまたちがえものをとっているのを見ておぼえるのよ」

（しまうま）「生まれてつぎの日には、はしれるようになるんだよ！　だからつよいどうぶつ
　　　　　　におそわれてもママやなかまといっしょににげれるんだよ！　すごいでしょ！」

（わたし）　「生まれて1年6か月でたって、一人であるけるようになったのよ！　すごい？」

　この学習のプロセスで、「お母さんに守られている時間が長くて、人間は、ライオンの
赤ちゃんの方に似ているね。ライオン寄りだね」というつぶやきが生まれました。動物の
自立とケアをめぐって「本質的な問い」に出会う学びとなっていることが見えます。

　③「筆者になってまとめの段落を書く」ことにチャレンジする

　対比して読み取ったことを踏まえて、まとめの段落を書くという言語活動は、対比から
普遍的な本質を見出すという論理的思考力を要する課題です（図4）。

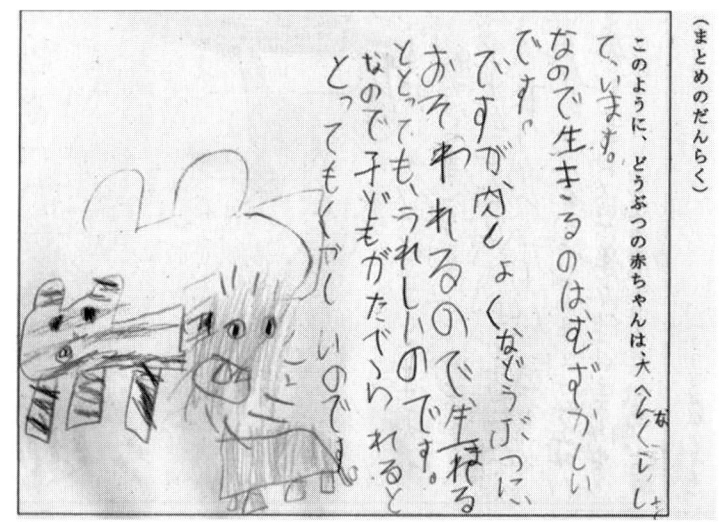

図4　子どもたちが書いた「どうぶつの赤ちゃん」のまとめの段落

「おかあさんのおちちやおかあさんがとったえものをたべながら、せいちょうしていき、たべられもし、この世をがんばって生きていくのです」と、世話されながら成長し、食べる─食べられる関係性を見据えたり、「生きるのはむずかしい」と生の本質を剔抉しつつ、だからこそ「生まれるととってもうれしいんです」と表現しています。食べられる側に同化し、「とってもうれしい」「とってもくやしい」と情動を伴いながら、生命の本質に迫っていっています。

　論理的文章の指導論においては「情動の領域」を捨象し、「情動」と「論理」を対立的にとらえて後者のみを強調する言語技術主義の流れが学校現場に浸透しています。この実践は、「情動の領域」をも含み込んで説明文を読み、「対比して普遍に迫る」という論理的思考を働かせているところに特色があります。ひなこ先生はいつもイラストと併せて言葉を表現することを大切にしています。場面をイラスト化することで他者への想像力が湧き起こり、その思い（たとえば「とってもくやしい」「ありがとう」）の実感的理解が深まります。情動や感受性や想像力を伴ってこそ説明（論理）の言葉を豊かにすることを実践知として大事にしているのです。

　④「どうぶつの赤ちゃん」シリーズを自分で書く

　最終の表現としては、自分で比べたい動物を選んで、説明文を書く言語活動を位置づけました。この一連の流れについて、ひなこ先生は、「自分のことを調べて、ゆりのお母さんの話を聞いて、ライオンとしまうまの赤ちゃんの説明文を読んでいくうちに、動物の赤ちゃんも僕たちもいっしょ、ずーっとつながっているという感じが生まれていった。そこから他の動物も比べたい、調べたいという意欲が出てきた」と語っています。

　たとえば、ある子どもはオオカミの赤ちゃんとヒツジの赤ちゃんを比べ、「このようにヒツジはにげて、オオカミはおいかけるほうです。オオカミはにくしょくで、ヒツジはそうしょくだからです」と、「このように」という接続詞を用いて比較するまとめの段落を書き、それぞれの育ちの必然性をとらえています。

図5　ある子どものオオカミの赤ちゃんとヒツジの赤ちゃん比べ

55

5．ゲストティーチャーによって紡がれるケアリング

　この項では、事前学習④におけるゲストティーチャー・かほりさんによる授業の実際を紹介します。「ゆりさんとお母さんをいっしょに輝かせたい」というひなこ先生の願いと、ゆりさん姉妹や新たな命と向き合おうとするかほりさんの深い決意があってこそ成り立った学びです。

かほりさんによる授業

　ひなこ先生のそばでかほりさんの話を聞きながら、時折、ゆりさんは誇らしげにクラス中を見回します。かほりさんのそばには、ゆりさんの妹のなつさんがずっとよりそっています。以下、授業の実際です（「K」はかほりさんの言葉、「C」は児童、「B」は担任のひなこ先生の言葉）。

○ゆりさんがお腹にやってきた！

　　　（ハートマークで囲まれたエコー写真1枚目〔イラスト付き。以下、写真については略す〕を示して）

K　みんな、何かわかる？　これが頭、これが赤ちゃんの部屋……。

C　（口々に）小っちゃいのがゆりちゃん？　赤ちゃんの部屋ぁ？

B　ゆりのお母さん、絵も上手だね。

K　16歳の頃でした。16歳のときにお腹の中にゆりがやってきてぇ……。

B　16歳のときにお腹の中にやってきてぇって。（かほりさんの言葉を素敵な表現と受けとめ、復唱する）

K　何もかもが初めてで、ちゃんと元気に育ってくれるかな、どんなお顔しているのかな、うれしさいっぱい、不安もいっぱい。
　　初めて病院でもらった写真はこれ。（エコー写真2枚目を示す）

K　2回目、病院に行ってぇ。そのときはこんなに大きくなってぇ……。

C　頭見えた、見えた。からだ細いの、頭大きくなってるね。

C　かわいい……。

K　いろんなポーズを、ゆり、見せてくれたんです。

C　何をしているのかな？　じゃんけん、チョキかな？

K　<u>お願いしているように見えて</u>、ゆりのお母さんは、<u>何をお願いしているのかなあと思って</u>。（エコー写真3枚目を示す）

C　じゃんけんしてる。ぐぅ。

K　<u>「おぉーい！」って呼んでいると思った。</u>
　　　（エコー写真4枚目〔イラスト付き〕を示す）

K　いちばんわかりやすいのがこれ。目。足も見える。足もこんなに曲げて。

（エコー写真5枚目を示す）

K　ゆりは大きくなってきて、どんどん大きくはなっていったんだけど……。

8月に生まれる予定が、1カ月早く生まれて7月。だから小さい。小さく生まれて。

多分、お母さんに早く会いたかったんだはず。

じゃんけんぽんして、グーして。

（ゆりさんの方をじっと見つめる。ゆりさんと見つめ合う間）

ノックしてた、早く出して～って。

（エコー写真6枚目）小さく生まれたから、ほら、口の中にいっぱい管を入れて、栄養を口からもらう。でも髪の毛もちゃんと生えていた。

（エコー写真7枚目）（管を身体に付けられながら）ピースしてると思うよ、ほら。

C　生まれてもじゃんけんしてるさ、一人で。

C　パー。

C　グーしてる。

（エコー写真8・9枚目……。写真を次々と見せながら……）

K　眠りながら笑ったり、こんな不細工な顔したり……。

C　（笑い）変顔～。

K　いろんな表情を見せてくれて。

○今、お腹にいる赤ちゃん

K　今、お腹にいる赤ちゃんの写真。（見せる）

（ゆりさんがやってくる。写真に写る赤ちゃんの口を指さす）

これが頭で、バンザーイ、立ってるみたい。

お腹の中の赤ちゃんは、2月に生まれます。赤ちゃんが（自分で）いつ出てくるか、決めるの。出たいと思ったら出るから。

C　赤ちゃん、連れてきて～。

B　生まれたら赤ちゃんに会わせてほしいな。

お母さんは、ゆりのこと大切に大切に育てて、なつのことも大切にして、

お腹にいる赤ちゃんもとっても大切にして……。

K　（ゆりさんの育ちを綴ったワークシートを見せながら）

ゆりが生まれてうれしかったことは、小さくうまれてきたけど、こんなに大きくなって、

デブチンで、デブチンでしょ。（ゆりさんを見る）

たいへんだったことは、夜泣きするでしょ、赤ちゃんはお話しできないから。

わかってもらえないと泣くしかないの。うんちが出たとか、おしっこが出たとか。

自分で泣かないと、お母さんわからないから。

ゆりは、泣かない。うんちしたまま眠ってたり、お尻が赤ーくなっていた。くっさくて

　　　何かなあと思ったら、お尻も真っ赤っか。おサルさんみたい。

B　おりこうさんだ。手がかからずに、ゆりはおりこうさんだね。

　　　（ひなこ先生の、ゆりさんをほめたいと願っての言葉である。ひなこ先生にほめられ、ゆりさん、
　　　ひなこ先生にべったり甘えた様子）

K　あとはたいへんだったこと何もないの。

　　　（ゆりさんが妹の身体をつねっている写真を示す）

　　　あと、妹いじめること。こうして。

　　　かわいいってして、ぎぃーって。なつが痛いのに、自分が痛いよーって、目ぇぎぃーっ
　　　てしてる。

C　（笑い）

B　かわいい、かわいいしてるんですよね。

　　　（次の写真を示す）

K　毎日、いじめてたから。かわいい、かわいい、ぎぃーって。それくらいがたいへんだった。

　　　（ゆりさん、お母さんに抱きつき、お腹をさする）

ゆり　「ここ、ここに！」

B　おかあさんは、走ったりできない。お腹が大きいから。転んだらどうする？　赤ちゃん
　　　がつぶれるでしょ。（ひなこ先生もお腹をさする）

　　　来年は（妹の）なつも小学校に来るから、みんな教えてあげてね。

C　今日、いっしょに給食食べよ。

C　毎日食べに来ていいよ。お野菜もいっぱいあるから。（口々に）

　　ゆりさんが突然、かほりさんのところにやってきて、お腹をさすり「ここ、ここに！」と
皆に注目させたシーンが印象的です。自分がお腹にいた頃、かほりさんが対話しながら大
切に育んできた話をたっぷり聞き、お腹の中にいる赤ちゃんを愛おしくなる思いが湧いて
きたのでしょうか。それが出発点となって、ひなこ先生
が母体へのケアの大切さを語りかけ、お腹をさすり、来
年入学してくる妹のなつさんのことも大切にするように
呼びかけています。そこから、子どもたちの「いっしょ
に給食食べよ」「毎日食べに来ていいよ。お野菜もいっ
ぱいあるから」などの声があちこちから上がっていきま
す。ゆりさんへのケアから始まって、新しく生まれ出る
命へのケア、そしてかほりさんへのケア、なつさんへの

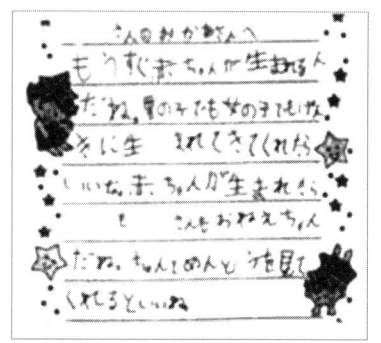

図6　クラスの友だちから

ケア……と、「お腹をさする」という身体動作を伴い、ケアリングの輪が次第に広がってい
ます。かほりさんもゆりさんも、そしてなつさんもおのずと微笑みあい、うれしそうです。
　　授業後、ひなこ先生はかほりさんにお礼の手紙を書くように呼びかけました（図6）。

ゆりさんは、つぎのように書いています。

　おかあさんへ
赤ちゃんが生まれたらわたしもなつもおねえちゃん。
おかあさんがたいへんなときもちゃんとめんどうを見るからね。

ゆりより

「おかあさんがたいへんなとき」を想定しています。これまでも幾度も「おかあさんが
たいへんなとき」を見てきたのでしょうか。妹の「なつ」もおねえちゃんになり、自分と
同じ位置に立つこととなります。そして「わたし」は「おねえちゃん」としてお母さんが
たいへんな時も「ちゃんとめんどうを見る」のだと伝えています。

　自分自身がまだ周りの大人からケアされ、支えられるべき年でゆりさんを生み、自分の
人生を切り拓いていったかほりさんと、そんな「おかあさん」を間近で見守りつつなかな
か甘えられない葛藤を抱えたゆりさんと、それぞれの思いや痛みが、新しい命の誕生を介
して紡ぎ直され、自らに注がれた愛情を互いに確認し合い、教室の学びの場でケアリング
の関係性を紡ぎ出されていっています。

6．授業のその後

　説明文の「まとめ」を書く活動でゆりさんは、次のように書いています。

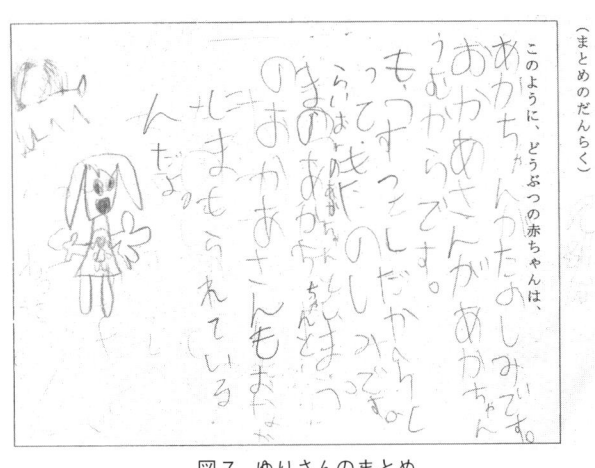

図7　ゆりさんのまとめ

　あかちゃんがたのしみです。おかあさんがあかちゃんをうむからです。

　もうすこしだからとってもたのしみです。

　らいおんのあかちゃんも、しまうまのあかちゃんも、ゆりのおかあさんもおなかにまもられているんだよ。

　最初は、自分の思いを生活文として綴っていました。しばらくたって友だちの「まと
め」を見て書き足したのが、後半の文章です。友だちの表現を読んだ後のこの「しばら
く」が、ゆりさんにとって伝えたい「まとめ」を熟す上でとても意味ある時間だったので
しょう。

こうして生まれた「まとめ」は、「らいおんのあかちゃん」「しまうまのあかちゃん」と「ゆりのおかあさん」を貫く普遍性、すなわち命は本来、先験的にケアされながら生まれてくるという、生命の本質を衝くものとなっています。「〜だよ」という語りかけは、「おかあさん」に対するものでしょうか。それとも読む人みなに訴えかけているのでしょうか。

「ケアするひと（one-caring）」としての「おかあさん」を、「ケアされるひと（cared-for）」である子どもが「ケアされるひと」として「おかあさん」に語りかけているのです。

かほりさんはその後、保護者による読み聞かせ等で学校に積極的に参加して下さるようになりました。かほりさん親子にとってしだいに小学校は「親しみ深い学校」となっていきました。1年たって、ゆりさんと久しぶりに筆者が偶然廊下で会ったとき、ゆりさんは次のように語りました。――「また、『どうぶつの赤ちゃん』のお勉強したい」と。ゆりさんの生きる文脈においてかけがえのない学びであったことが伝わります。

しかしながらそのさらに半年後、ゆりさんはある事情から転校していきました。

7．ゆりさんの言葉をどう聴くか――ケアの心を子どもに学ぶ

ひなこ先生が、ゆりさんやかほりさんに care for ＝気持ちを向けることでゆりさんの深層の〈声〉が、「説明文のまとめを書く」という論理的思考力を要する教科固有の言語活動の中で表現されました。これは、自分の思いや考え＝〈声〉を社会的メッセージへと熟していく言語教育論において核心的な意味を持ちます。なお、この〈声〉を、抑圧や排除の関係性からケアリングの関係性へと社会全体を編み直す起点としていくためには、その〈声〉をいかに聴くか、問われます。ここでは、ゆりさんの言葉をいかに聴くか、もう少し考えたいと思います。

自分自身はさておき「ゆりのおかあさんも」「おなかにまもられているんだよ」と語りかける言葉には、かほりさんの女性としてのさまざまな痛苦を間近で見守り、たえずかほりさんに care for ＝心を傾けつづけたゆりさんの、「優しさ」ではすまされない精一杯の願い――かほりさんが守られてあることへの切なる願いが込められています。

ここで思い返されるのは、重度の障碍を抱える娘をケアした経験から思索し、自立した主体を前提とする「正義に基づく倫理」に対して、「ケアの倫理」を提起した哲学者エヴァ・フェダー・キティの言葉です。キティは、私たちは例外なくケアされてはじめて生きてこられたことを平等概念の中心に置き、私たちが常に依存と相互依存の関係性の網の目に生き、「依存者をケアする人たちは、その人たち自身も、誰か別の者に注意を払われ、支援してもらわなければならない」、たとえば「母親が子どもをケアできる」ためには、母親自身がケアされなければならないことを提起しています[3]。

ゆりさんの言葉は、「母」を「無尽蔵な」「自然の大地」[4]として扱ってきた長い長い歴史（それは今なお根深い）を問い返し、「母」もまたケアされるべき対象であることを子

どもの眼から訴えかけます。自ら生活困難を抱えながら子どもを育てなければならない「母」を一人のケアされるべき人としてまなざし、学校や社会を支え合う場へと再編することの大切さをゆりさんの言葉は教えてくれているのではないでしょうか。

　論理的思考や表現力を培う教科学習の中で表現された、抑圧された側である「母」と「子ども」のケアリングから生まれ出た〈声 a voice〉をいかに聴き、学校や社会の編み直しへとつなげていくか、今後とも問われつづけます。

おわりに

　この学びは、ゆりさん、かほりさんとひなこ先生の親子二代にわたる信頼関係を土壌として、ひなこ先生が子どもたちの悲しみや寂しさに気持ちを向ける（care for）ことを出発点に生成しました。

　授業研究会では、言語能力習得に特化し、子どもの生きる文脈にかかわらない「普通の国語の授業をすればよかったのに……」という意見も出されました。こうした議論の中で、各々に異なる子どもの生きる文脈に関わることには細心の留意が必要であり、この学びのプロセスを学習方法論として一般化しては決してならないことも学びました。一方で、子どもの生きる文脈から離れた「普通の授業」では、ゆりさんの言葉は表現されず、聴かれることはなかったでしょう。社会において表に出ることなく、潜在化された深層の〈声 a voice〉は、子どもや周りの人びとへの、そしてテキストや対象への care for の文脈を丁寧に幾重にも積み重ねてはじめて表現されます。

　言語技能習得に特化した教科学習観をケアの視座から編み直すプロセスについて、本実践に即して確認すると以下のようになります。

①子どもや周りの人びとへの care for の姿勢で丁寧に学級づくりを行い、子ども同士のケアリングの関係性を育む。

②子どもの抱えた葛藤・痛みや寂しさ，そして喜びや誇りへの care for から学びをデザインする。子どもへの care for が学びの出発点となる。

③子どもへの care for をもとに学習材研究を行うことによって、子どもの生きる文脈と響き合う学習材の価値（＝「どうぶつの赤ちゃん」においてはケアと自立とのかかわり）が豊かに見出されていく。

④民間教育運動や教科教育学等において蓄積されてきた知見を土台とし、学習材や他者との対話を豊かに生み出し、自らの表現力に転化させていく学習活動を設定する。

⑤子どもの生きる文脈と学習材の価値が響き合い、学びの場で自分や他者を互いに大切なものとして実感するケアリングが広がるプロセスを経て、子どもの内に深く潜在化された〈声　a voice〉が表現される。

⑥その〈声　a voice〉を学びの場にかかわる者がいかに聴くかを問い、社会的メッセージにまで熟していく。

　子どもへの care for が学ぶ対象そのものへの care for を深め、さらには子どもと周りの人びとや子ども同士のケアリングを紡ぎ出し、関係性の矛盾に根ざす潜在化された〈声　a voice〉の表現へとつながっていきます。こうして表現された〈声　a voice〉が、抑圧や競争・排除の関係性をケアリングの関係性へと編み直す起点となります。

　こうしたありようは、社会の主権者として子どもをエンパワーする言語教育の本義そのものであり、このプロセスは生活綴方や文学教育実践など日本の教育実践史においてずっと大切にされてきました。

　しかしながら、学力調査問題に応じて学びを発想するように慣らされてしまうと、子どもへの care for が置き去りにされるのみならず、子どもとのかかわりにおいて初めて見出されるべき学習材に内包された本質的価値や教科の本質そのものへの care for の姿勢もまたなおざりにされてしまうわないでしょうか。子どもも教師もますます「学ぶ」ことの本質そのものから疎外されてしまいます。こうした中で目に見える正答率格差がたとえ縮小したとしても、貧困などの矛盾に根ざした〈声　a voice〉の表現は、より抑圧（潜在化）され、結果として社会的格差は固定化あるいは拡大してしまうでしょう。

　本実践のゆりさんやかほりさんの学びの姿は、教科学習をケアリングの視点から編み直すことを通して、こうした矛盾から解き放たれる可能性を指し示してくれています。その思いを受けとめ、省みながら、今後とも支え合う社会への編み直しにつながる学びを探究したいと思います。

（村上呂里）

注
1　西郷竹彦『説明文の指導——認識と表現の力を育てるために』部落問題研究所、1981 年。
2　河野順子『入門期の説明文指導』（明治図書、2008 年）に学び、参照した。本書は言語技術主義の流れとは異なり、実感的理解と対話をキーワードとする説明文指導を提案している。
3　エヴァ・フェダー・キティ／岡野八代・牟田和恵訳『ケアの倫理からはじめる正義論　支えあう平等』白澤社、2011 年、57 頁。
4　同前書、39 頁。

〔附記〕
　この実践について、公刊することを快く認めてくださったかほりさんに厚く感謝申しあげます。
　また、本稿は日本臨床教育学会『臨床教育学研究』第 5 巻（2017 年）に掲載された論考をリライトしたものです。転載を許可していただき、お礼申しあげます。

【実践3】

海人とともに読む「森へ」

海と森の命のつながりに想いを馳せる ☆6年・国語

はじめに

　探検家星野道夫による「森へ」（光村図書・6年）は、写真家である筆者自身が、アラスカの自然の中に身を置いて、感じたり考えたりしたことを、写真と文章で構成しています。アラスカの自然を伝えるさまざまな比喩表現、筆者からの問いかけの表現、そして、写真が伝える迫力と美しさの表現に引き込まれ、いつの間にか星野道夫とともに自分自身が森を歩いているような感覚が味わえる作品です。

　離島にある八島小学校は教室の窓一面に海が広がります。校門にはハーリーで勝利した記念のサバニ（手作りの船）が飾られ、海人文化あふれる地域性があります。このような環境の中で育った子どもたちへの願いをこめ、「森」と「海」という大自然をキーワードとし、子ども達が味わった臨場感や筆者星野道夫さんの世界観を、地域の海人や漁業関係者に伝える推薦文を書こうという言語活動を設定しました。さらに、実際に子どもたちが書いた推薦文を海人の方や環境保護活動をしている NGO の方に聞いてもらい、感想をいただくという交流の場を設けました。

1．単元の全体像

導入

　「海」に近い子どもたちですが、「森」のイメージは遠いのではないか、と考え、「森へ」の教材文との出会いを工夫することにしました。できるだけ暗室に近い視聴覚室（カーテン付き）を使い、教材文の写真を写しながら、デジタル教科書の朗読を静かに聞かせました。「筆者星野道夫さんになって、じっと見つめ耳をすまそう」と声をかけました。

　また読書環境の充実を図り、筆者の他の本の紹介コーナーを設けました。グループごとに筆者星野道夫さんやアラスカ、星野さんの他の作品について調べ学習を行い、子どもたちはしだいに「森へ」の世界にどっぷりと浸っていきました。

　調べる過程で、星野さんがクマに襲わ

図1　本の紹介コーナーの設置

れて亡くなったことを知り、クマを愛し、クマに命を与えた巡り合わせに、皆、びっくりし、ますます「森へ」の世界に引き込まれていきました。

図2　星野道夫さんについての調べ学習のまとめ

図3　アラスカについての調べ学習のまとめ

展開1【「森へ」の意味を考える】

　初発の感想の中で「いちばん心に響く表現や叙述」を抜き出し、心に響いた理由を交えながら交流を行いました。さらに題名「森へ」についての各自の考えを交流しました。「森が大好きな星野さんの思いから森を大切にしてほしい。森を知ってほしい」という思いや「『Dear 森さんへ』という森へのメッセージがこめられている」「命のつながり」など、星野道夫さんのメッセージを子どもたちなりに解釈し、さまざまな意見が出ました。

図4　題名についての各自の考えを交流

　つぎはこの星野道夫さんの世界観を誰かに伝えようと提案し、推薦文を書くことにつなげました。

展開2 【推薦文を書こう】

　まず、「誰に」伝えたいかという相手意識を持たせることを大切にしました。「お父さん？　お母さん？　他学年？　……」。この作品「森へ」は、森を舞台に命のつながりを伝える教材であることから、私たちにもっとも近い「海」とのつながりをもった地域性を生かそう、と子どもたちと相談しました。そこで「海の命」を守る活動をしている海人、珊瑚を守るNGOや環境省の方、共に学習をしている琉球大学の先生方に伝えようと決めました。

　推薦文を書くための手だてとして、実際の本の推薦文や琉球大学の学生が事前に書いてくださった推薦文集を参考にしました。「気に入った言葉や表現はどんどん真似をしよう」と呼びかけ、子どもたちは大人や大学生が書いた推薦文を参考に、星野さんの作品の魅力を伝える文を書こうと意欲的に取り組み、その表現は一人ひとりのオリジナリティにあふれ、大人の想像を超えてどの子も自分の言葉を大切にし、推薦文を書き上げました。

展開3 【推薦文の交流】

　研究授業では実際に、海人、珊瑚を守るNGOや環境省の方、共に学習をしている琉球大学の先生方を招いて推薦文を発表し、交流を行いました。自分の推薦文を読み、それを聞いたグループの児童や先生方からたくさんの感想や褒め言葉をもらった子どもたち、はじめは緊張していた子どもたちも徐々に笑顔が見え、自信にあふれているようにも感じました。子どもたちにとって、

図5　推薦文の交流

伝え合う大切さを味わい、さらに学ぶ喜びを感じたひとときとなりました。

図6　海人の方、珊瑚を守るNGOの方、環境省の方との交流

　大学生との交流もありました。八島小学校の児童が書いた推薦文を琉球大学の学生が読み一人ひとりにメッセージをいただきました。聞いてもらう人、読んでくれる人、相手意識をもたせることで、子どもたちは「もっと書きたい」という意欲を高めました。

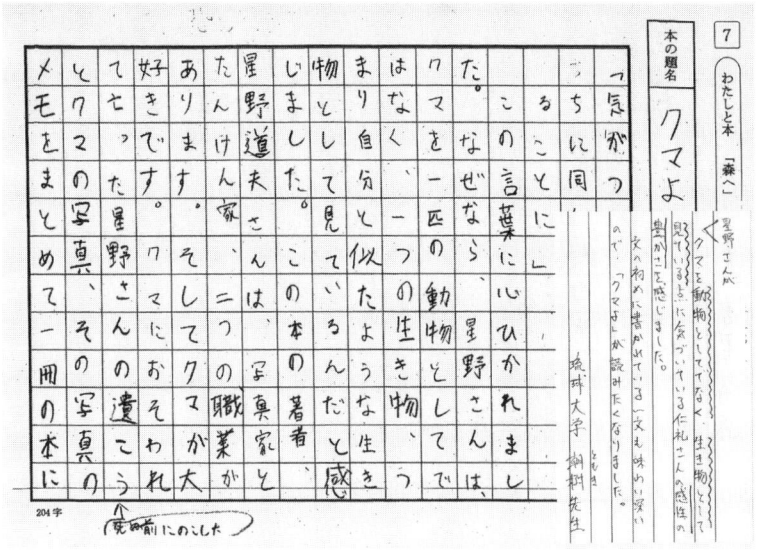

図7　大学生との交流（付箋紙には大学生からのメッセージ）

2．子どもの学びの姿

かんたさんの作品

　かんたさんはあまり国語の学習が好きな方ではなく、家庭学習になかなか取り組めない状況がありました。そんなかんたさんでしたが、この単元の中で「アラスカ」についての調べ学習を通して、様々な生き物の存在やアラスカの地の様子を知り、ぐんぐん興味を深めていきました。

　星野道夫さんの写真絵本の中から選んだ『クマよ』（福音館書店、1999 年）の推薦文では、「星野さんの熊に対する気持ちがこの本にはいっぱいつまっています」「遠くはなれた熊が近くなってきませんか」という呼びかけの表現を使い、まとめています。普段、なかなかスムーズに文章を書くことが出来ずに困っているかんたさんが、推薦文では自分の言葉でしっかりと伝えたいことをまとめ提出したときには、何とも言えない嬉しそうな表情が見えました。

けんさんの作品

　けんさんは、この頃友だちとの関係があまりうまくいかず、いらだつ場面もありました。なかなか言葉で言えないから余計いらついてしまう……。しかし、「推薦文を書き、読んでもらう」という相手意識をもつ授業づくりを通して、時間をかけ、丁寧に丁寧に文字

を書き、「母性愛」という表現を使って推薦文を仕上げました。見出しは「クマの子ども
に接する愛」、母熊の子熊に対する思いが人間と同じだとけんさんは感じとり、この本を
読むと「母熊のやさしい様子が伝わってくる」とまとめています。けんさんの豊かな表現、
温かな気持ちが伝わってきました。

図8　かんたさんの作品

図9　けんさんの作品

3．珊瑚を守る活動をしている方から、そして海人からの言葉

　研究授業では、海人（クラスの子どもの祖父）や珊瑚を守る活動をしている方をゲストと
して招き、グループに分かれて、推薦文を読み、〈聴く場〉をつくりました。最後に、ゲ
ストの方に感想を話していただきます。その感想を紹介します。

〈珊瑚を守る活動をしている方の感想〉

　自然には、遠い自然と近い自然があります。みんなにとってアラスカは遠い自然です。星野さんにとって、海は遠い自然かもしれません。みんなにとって海は近い自然です。遠い自然を想像する力を皆さんの発表から学びました。この学びを通して、遠い自然も近い自然も大切にしていってほしいと願っています。

〈海人の方の感想〉

　今日の皆さんの発表は、命の大切さについてでした。

　まぐろは、遠い遠いところを巡って、この島の近くに4月頃やってきます。この本まぐろを、私たちは獲るのです。この本まぐろのおいしさといったら言葉にできないくらいおいしい。そして、この本まぐろは、皆さんのお腹に入っていきます。どうか本まぐろをぜひ食べてください。

　皆、自分たちの発表を受けとめて話してくれた感想に聴き入りました。

　珊瑚を守る活動をしている方の「近い自然」と「遠い自然」とをつなげる想像力というお話には、皆、惹きつけられました。また海人のおじいちゃんの「私達は獲るのです」という語りからは、海人の誇りをかけて、本まぐろと格闘してきたことが伝わりました。海人は命を賭けて命を獲ります。だからこそおいしく子どもたちに食べてほしいと願うのでしょう。海人の人生と、クマを愛し、クマに襲われて亡くなった探検家の人生とはやはりどこかで響き合っていることを感じさせられました。

　地域を足場に、さまざまなつながりを紡ぎ出し、教科書の世界を自分たちの世界と関わらせて意味づけ、表現・発信へとつなげていきます。

　自分の書いた推薦文を読んでもらい、感想をもらうという交流活動を通して子どもたちは自分の考えに自信を持って表現することができました。「森へ」の世界とつながる「海」の世界で生きている他者＝伝える相手がいて、自分たちの推薦文を聴いてくれるという対話的関係を仕組むことで、表現の質が高まりました。クラスの仲間、琉球大学の学生や先生方、さらには海人や地域の方々等、多くの方の協力を得ることができ、こうした多様な学びへのかかわりが子どもたちの自尊感情を高めることにつながったと思います。これからも様々な人とかかわり、豊かな学びを育んでいってほしいと願っています。

（神里美沙緒）

【実践４】

入門期の国語学習・助詞「は」「を」「へ」を楽しく学ぶ
キャラクター・くっつきマンとともに ☆１年・国語

　入門期国語学習は、一生分の言葉の土壌を耕す上でとても大切です。ここでは、ひなこ先生の実践を紹介します。

１．本に親しむ読書環境デザインから「あいうえお絵本」を創る

　「本は稀少品だから……」──ある地域の方の言葉です。離島においては、今も本は貴重な存在です。家庭に本が豊富にある環境には恵まれません。こうした背景を踏まえ、子どもたちが身近に本に親しむことができる読書環境デザインを行いました。（第３章参照）

　１年生の子どもたちは、読書ブランチで見つけた『あいうえおっとせい』（谷川俊太郎作、さ・え・ら書房）を読んで、自発的に「自分たちも本を創りたい」と盛り上がりました。そうして出来た「あいうえお絵本」です。

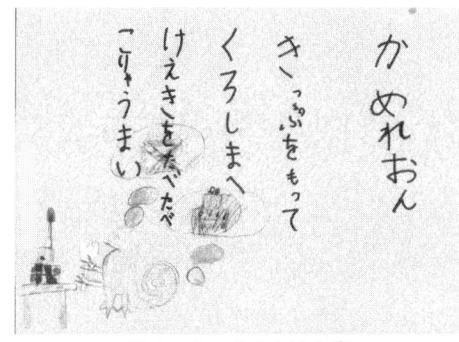
図１　あいうえお絵本①

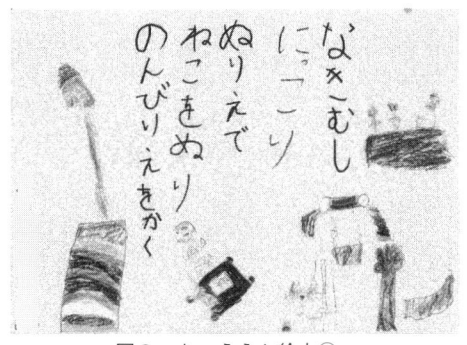
図２　あいうえお絵本②

　ひなこ学級は、ペア学習を何より大切にしています。この「あいうえお絵本」もペアで創りました。子どもたちの温もりのある言語感覚や想像力が感じられる素敵な本となりました。温かいかかわりが、子どもたちの言葉の力の土壌を豊かに耕します。

２．入門期国語指導の充実──「くっつきの『は』をただしくつかおう」

　助詞「は」「を」「へ」の表記と働きは、生活概念とは異なる抽象的科学的思考への最初の扉＝関門です。話し言葉の世界から書き言葉の世界へと子どもたちを飛翔させる上でとても大切な意味を持ちます。これらを１年生の間に定着させないと、高学年に至るまで間違った表記のままとなります。４月の校内研究会で、この「間違った表記」のことが深刻な課題として挙がりました。どうしたら、積み残すことなく指導することができるだろう……と。

　五十音表の音声と文字の体系性、助詞「は」「を」「へ」や長音・拗音・促音・撥音の発音と表記のかかわりなど、1年生で学ぶ入門期の言語事項は、実は言語科学的見地からとても奥が深いです。これらについて、ひたすら反復練習して習得するという道筋も大切でしょう。しかし私たちは、楽しく、かつ1年生なりに言語科学的な論理（わけ）を直観的に理解し、思考力を働かせて身につけるあり方を模索しました。文字指導の分野で職人技的な教材や教具の開発で知られる小学校教諭伊東信夫先生の著書『ひらがなあそびの授業』（太郎次郎社、1985年）や、NHKわくわく授業でとりあげられた北野純子先生の「あいうえおのひみつ、みつけたよ」（2007年7月22日放映）など先達の成果に学びながら、次のような指導の工夫をしました。

☆あいうえお体操　身体全体であいうえおの口形を意識させる体操を考えました。

☆キャラクター「くっつきマン」1号「は」、2号「を」、3号「へ」の考案

　他の言葉にくっついてはじめて働くことができる「働き」としての言葉（＝助詞）の性質を直観的視覚的に理解させるために、キャラクター「くっつきマン」を考案しました。糊の容器の形をしたかわいいキャラです（儀保由喜子先生考案）。主語に付く「は」が必要なときは、「くっつきマンがくっつきます！」と大げさな動作付きでキャラを登場させました。子どもたちは大喜び。「くっつきマンのやくそく」も学びます。そして、「くっつきマン」のキャラクターと「くっつきマンのやくそく」を教室に掲示しておきます。この学習の後、子どもたちは文中に助詞「は」「を」「へ」が出てくると、「先生、ここはくっつきマンだね」と必ず確認するようになり、自分の作文でもしっかり使えるようになりました。

　結果として、単元テストの助詞に関する項目は、何と！クラス全員満点となりました。

　2011年6月の授業後に実施された「標準学力調査」（1学年：3学期実施版）内容別正答率においても、助詞「は」「を」「へ」の結果（表3）は、2010年度に比べ高い正答率（2010年度正答率76.0％から2011年度正答率95.6％へ19.6％向上）を示しており、2012年度も全国の正答率を上回る結果（2012年度正答率94.2％）となりました。絶大な効果があったといえるでしょう。

表1　標準学力調査「『は』『を』『へ』のつかいかた」正答率

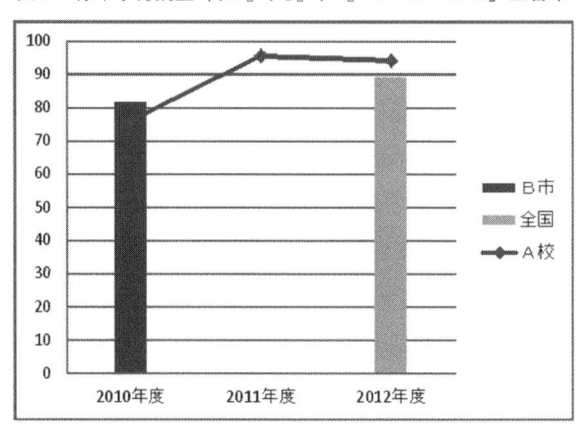

それでは以下、実際の授業の様子を紹介します。

[導入]

Ⅰ　教科書掲載のあいうえお歌とあいうえお体操を組み合わせながら、口形を意識し歌う。（教室掲示・あいうえおの口形）

Ⅱ　くっつきマン1号、2号、3号の登場

T　「今日のゲストを呼びます。誰かな？」

（くっつきマン1号「は」、2号「を」、3「へ」の登場）

→本時のめあての確認

「は」をただしくつかえるようになる。

[展開1]　「なあんだゲーム」

T　「くっつきマン1号『は』には、『マルモのおきて』のようにやくそくがあります」（掲示する）

（皆で、読み上げる）

くっつきマン1号のやくそく

1　よみかたがかわる（「は」と書いて「ワ」と読みます）

2　ほかのことばにくっつく（くっついてはじめて仕事をします。そしてぶんをつくります）

T　「『なあんだゲーム』をします」

（黒板に、わに、にんじん、あひる、あさがおの絵札と、「とり」「やさい」「はな」「どうぶつ」とランダムに貼っておく）

T　（わにのカードを見せながら）

「なあんだ、なんだ、これはなんだ！」

（メロディをつけて、唱え言のように）

（わにのカードにくっつきマン1号を大げさにくっつけながら）

「わぁ！」（喜ぶ）

（「くっつきマン4号、5号もいるの？」などのつぶやき多数）

図3　くっつきマンのやくそく

（全員）

「どうぶつです」

T「わに　は、どうぶつです。くっつきマンのやくそくに合っているかな？」

T「つぎにいきます。なんだ、これはなんだ！　じゃあ、今度は前に出てきて書いてみましょう」

（以下、にんじん、あひる、あさがおなどの札で同様にゲームを進める。今度は、児童が前に出て、自分で文を書かせる。その際、「は」「わ」のカードを両方混ぜておく。

黒板には、文ができていく。文ができるたびに、「くっつきマンのやくそく」の通りになっているか、文の最後に「。」を付けているか、繰り返し確認していく）

「合ってます」

図4　迷いながら、「は」を選ぶ様子

展開2　ペアで文づくり→交流

T　「それでは、くっつきマン「は」を使ってペアで文づくりをしましょう。

（できた文は、短冊にマジックで書いていく）

T「できたかな。発表しましょう」

T「ぐっぴいの『ぴ』のお母さんの音は何ですか」

（教室に掲示された五十音表を指でさしながら五十音表の法則性を意識させる）

まとめ

T「最後に、先生が読み上げる文を、皆さん、書いてくださいね。

　ぼくは、せみです。

　みんな、くっつきマンの『は』をつかえるようになりましたか」

（事前に望月がおこない、子どもたちが大好きだったブックトークを活かして、まとめた。子どもたちへのかかわりを大切にして考えたまとめの文である。授業研究会では、「は」と「わ」のどちらを使うか迷う文を最後に書かせて、定着を確認してもよかったのではないかという意見が出された）

楽しそうに、ペアで文づくり

（ほぼ全員の手があがる。皆、自信作で当ててほしくてしかたない様子。ペアで前に出て発表する）

ぼくは、にんげんです。

ぐっぴいは、さかなです。

「『い』です」

さくらは、ピンクいろです。

（がんばってカタカナで書きました）

かぶとむしは、むしです。

せんせいは、やさしいです。

ふねは、およぎます。

アイスは、おいしいです。

図5　ペアで発表する様子

おわりに

　最後に、授業研究会で話題となった象徴的なことについてふれておきます。

　最後のまとめで授業者は、共同研究者の望月道浩がおこなったブックトークを活かし、「ぼくは、せみです。」という文を作らせました。これについて、「『は』と『わ』の表記について、もっとまちがいを誘いかけるような例文を書かせ、定着を確認すればよかったのではないか」との意見が多く出されました。筆者もその場では、その意見に納得しました。しかし後でふりかえったとき、地域共同体のかかわりを大切にする風土で育った授業者は、大学教員がクラスを訪問しておこなったブックトークに子どもたちが大喜びしたことを活かし、そのことを想起させながら、興味を持ってまとめの文を書かせたかったこと、すなわちゲストティーチャーという他者とのつながりという文脈を大切に子どもたちの内側から「学び」の意味づけをおこない、習熟へ導いていこうとしたことに気づかされました。

　「教科の論理」の側からいえば、脱文脈化された間違いやすい例文を螺旋状的に反復練習させ、定着を図っていくことが肝要でしょう。一方で他者とのかかわりあいの多層的な文脈のもとに「学び」を意味づけ、意識化させていくことが、この地域の子どもたちが文法について興味を持って習熟していく上で効果的で意義深いのです。この研究授業と授業研究会を通して、「教科の側の論理」と「関係性（つながり）の論理」における「学び」の多層的な意味づけとの双方を、統一的に追究していくペダゴジー（教育方法）への気づきを得ることになりました。そうした意味で、本校における記念碑的な授業といえます。

（村上呂里）

図6　ペア学習の様子

【実践5】

想像力を働かせ、共に学ぶ「漢字の成り立ち」学習
気づきを通して学ぶ楽しさを感じる☆トントンミー学級

はじめに

　特別支援学級であるトントンミー学級には、4名の子どもが在籍しています。ドリルをすぐに放り出してしまう子ども、教科書などの音読が苦手な子ども、漢字の小テストが嫌いな子ども、文字を丁寧に書けない子ども……。その原因は学習障害だけでなく、読み書きの発達の偏りや注意力が十分育っていないことなど、さまざまな要因が考えられました。

　ある日のこと、毎日の学習に使っている漢字学習帳に書かれている「昔の漢字のできかた」コーナーに興味津々のかいとさんの姿がありました。「昔はこんな漢字だったんだ」「難しいな」「似ているな」等々、一人感想をつぶやきながら、じっと漢字を見つめていました。子どもたちが漢字の成り立ちに興味をもっていることは明らかで、幸いにも共同研究に取り組む琉球大学の辻先生が漢字の成り立ち紙芝居『なんだ！』を、低学年の学級で実践しているのを好機として、トントンミー学級でも実践をお願いしました。

　そこで、子どもの興味・関心をさらに引き出し、漢字学習に楽しく取り組めることを目指し、「学びの10の指針」のもと、①子どもたち一人ひとりの自尊感情を育み、学びの場に「居場所」をつくり、②「ほんもの」と出会わせ、子どもたちの五感や感受性、そしてイメージ、ひいては魂に働きかけ、③「ひとりのことばは、みんなのたからもの」を合言葉に、授業構想をすすめました。

1．単元の全体像

導入 「昔の漢字の先生」登場

　漢字の成り立ち紙芝居『なんだ！』は、八島小学校オリジナルとして作成されたもので、学習プリントを補助教材として指導することを計画しました。

　『なんだ！』は、石垣島をイメージしたもので、於茂登岳を想起させる山からは川が流れ、青い海には魚が泳ぐ豊かな自然の中で、赤瓦の家に人々が暮らす風景が描かれています。子どもたちは、その絵を見ただけで、いろんなものを見つけることができます。描かれたいろんな絵を指さし、口々に「月」、「山」、「川」、「魚」とおたがいに学び合っていました。その様子を見ながら、授業者の辻先生は「なんだ？　なんだ？　これなんだ？」と子どもたちに問いかけ、おもむろに絵を一枚めくりました。すると描かれた象形文字を見て「魚！」と答える子どもたち。「ではヒントを見てみましょう」とめくられた次の絵を見た子どもたちは「えぇ～、イラブチャーだぁ～」。その反応に思わず授業者も苦笑い

する瞬間でしたが、冷静なまいさんは「イラブチャーも魚だよ」と、みんなに優しく教えてくれました。「では、答えをみてみましょう」とめくられた次の一枚には、「魚」の成り立ちが描かれていました。

　1年生のれいさんは、「おばぁちゃんが作ってくれるイラブチャーが美味しい」とにっこり笑顔。それを聞いた寡黙なごうさんが「おれもイラブチャーの刺身好き」と応えます。マイペースで釣好きのかいとさんはぼそりと、「釣ったことある」とつぶやきます。子どもたちは一枚の絵をみて、自らの生活体験と結びつけ、それぞれ言葉を紡いでいきました。

　子どもたちにとって何年生の配当漢字であるかどうかは関係なく、画数が多くて書きにくい漢字であっても、学習意欲があれば夢中になって練習します。「覚えるもの」であった漢字が、「覚えたい」に変わり、やがて「書きたい」「使ってみたい」につながった時、漢字は子どもたち一人ひとりの中で活きて働く言葉になっていくのです。

「漢字の成り立ちプリント」の取り組み

　『なんだ！』で学んだ「魚」や「山」「川」「子」について興味関心をもった子どもたちは、辻先生が用意した「漢字の成り立ちプリント」にも興味津々で取り組みました。そこでは、「丁寧に書くこと」と「気をつけるところに丸をつけること」を指示されましたが、かいとさんが「昔の漢字が書きたい」と発言すると、ごうさんも「おれも書きたい」と続いたため、「書きたい方で書いてください」と変更されました。すると、一人黙々と漢字を練習していたまいさんまで、昔の漢字を書き始めてしまうほど、象形文字は子どもたちに強く印象づけられました。

図1　紙芝居『なんだ！』と授業の様子

　普段は読むのがやっとの字を書くかいとさんが、ゆっくりと丁寧に視写に取り組む姿には、これまでにない集中力が見られ、二枚目のプリントが配布されても「まだ」と粘り強く学習していました。口数は少なくとも学級で存在感を発揮する、かいとさんのこの学びに向かう姿は、周りの子どもたちにも影響を及ぼし、全員が最後まで一生懸命プリントに向き合うことができました。

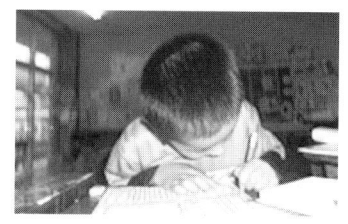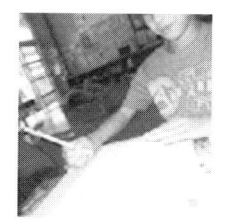

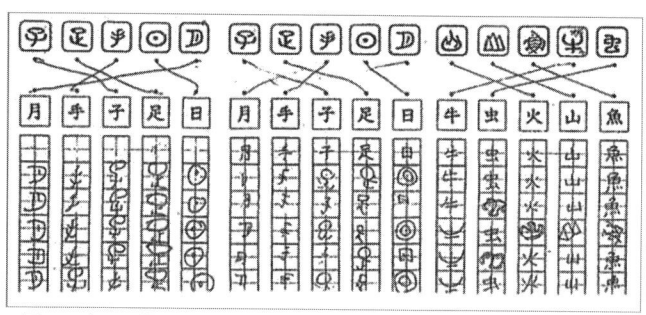

図2　左から順にかいとさん、ごうさん、まいさんの学習プリント

学びの広がり

　この学習を受けて、学級では「今日の昔の漢字はなんだ？」の学習活動をスタートしました。図形から連想して考えてみることに楽しく取り組むことができ、そのまま漢字の意味を理解する活動へと発展し、「昔の漢字」から「今の漢字」を考える楽しさを感じながら、自然と細かいところまで観察するようになっていきました。やがて、学習した漢字を使って言葉や文を作ることにつながり、子どもたちが一生懸命に考えて、互いに意見を出し合い学び合う姿は、新たな学びを創造していきました。

　こうして学習が進んだある日のことです。かいとさんが「今の五」「昔の五」を書いた後に、何やら描きだしました。「昔の五」が、「石垣島祭りで見たテントに似ていた」から描いたと説明してくれました。かいとさんはお祭りで見たテントの支柱が「昔の五＝Ｘ」に見えたというのです。

　かいとさんの学びの変容は図3のように進み、「今の漢字」も「昔の漢字」も丁寧に書くようになり、気をつけるところに○や×をつけるようになりました。

　こうして漢字学習は、かいとさんの学びに導かれ、教室に「象形文字の短冊」を飾り付け、一人ひとりの学びの成果を「チャレンジ漢字マラソン」として積み上げていきました。

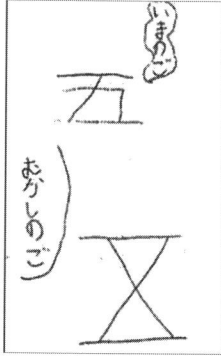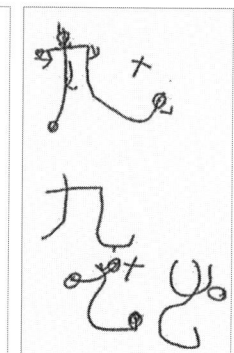

図3　かいとさんの学びの変容

おわりに

　トントンミー学級の子どもたちが、一つの
きっかけで主体的な学びを創り出していく。
それは、子どもたちの内に根づく「生活知」
に結びついた学びでした。子どもたちにとっ
て「魚」は単なる海の恵みであることに留ま
らず、豊かな創造をもたらす「知の資源」へ
と変容し、実に多様な学びを創り出していき
ました。そして、かいとさんのことばは学級
みんなの「たからもの」となり、友だちと協
力しながら、共に楽しく学びあう学習活動へ
と発展していきました。互いの知恵が交流し
あうことで、学級みんなの「豊かな学び」へ
と広がり、人とのかかわりを楽しみながら学
ぶ子どもたちの姿に、新たな学びの可能性を
感じることができた実践となりました。

（松本美奈子・辻　雄二）

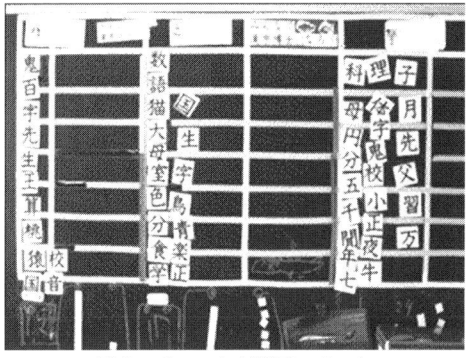

図4　チャレンジ漢字マラソン

図5　象形文字の短冊

〔附記〕
　　漢字の成り立ち紙芝居『なんだ！』は、伊東信夫先生の原作のコピーを東京都新宿区立大久保小
　学校日本語国際学級の元教諭善元幸夫先生が沖縄の子どもや教師に活用してほしいと寄贈してくだ
　さり、それを元に八島小学校の地域性に根ざして学習支援員の熊本奈美恵さんが作成したものです。

【実践6】

平和教育とキャリア教育を柱にした修学旅行

学生とのつながりを大事にした学び ☆6年・総合

はじめに──実践の背景

　八島小学校との共同研究の中で生まれた実践の一つに修学旅行での協働があります。八島小学校の修学旅行のテーマは二つです。平和教育（沖縄戦・米軍基地に関する学習）と、キャリア教育です。この二つを基本的な柱として修学旅行づくりに取り組んでいます。この取り組みは、共同研究3年目からはじまりました。最初は、修学旅行の事前学習で沖縄戦学習を実施することからはじめ、次に沖縄本島での平和学習（現地での学習）を協働するようになりました。その後修学旅行での平和学習のコンセプト、コース設定、事前・事後学習の内容まで協働するようになっていきました。

　沖縄県内でも小学校における修学旅行のテーマはさまざまですが、その重要なテーマの一つは平和学習です。沖縄県内での平和学習は、慰霊の日がある6月に、沖縄戦を中心的なテーマとして特設授業が実施されています。石垣島を含む八重山地方では、沖縄本島のような地上戦はありませんでした。八重山地方では「戦争マラリア」（軍による強制的な「疎開」の結果多くの住民が病死）による犠牲者が多かったため、このことをテーマにした学習が行われています。そのため、沖縄本島で学習されるような地上戦での住民体験を学習することはあまりありません。また、沖縄県平和祈念資料館を見学することは、離島の学校では修学旅行の機会を利用しなければできない体験です。また、石垣島には米軍基地がないため、大きな問題となっている米軍基地の存在についても、実感が湧かない状況です。このような中、沖縄本島でこそ体験できる学習を充実させるよう修学旅行にとりくんできました。

　本研究の議論の中で出てきたのが、もう一つのテーマであるキャリア教育です。八島小学校のある石垣島は大学がありません。子どもたちが、大学・大学生にふれる機会がなかなかないというのが実情です。そのため、共同研究が始まった2009（平成21）年より学生による学習支援ボランティアをすすめてきました。そこでは、大学生という存在にふれる子どもたちの楽しそうな姿がありました。開校20年に満たない八島小学校では、教育実習生（沖縄県は母校実習が行われる）の受け入れもほとんどない状態でした。また沖縄本島で行われるような学習支援ボランティアの存在もありません。そのような中、大学生の存在は、子どもたちのキャリア形成の観点からも重要であると受けとめられてきました。大学生に触れるだけでなく、実際に大学生の学ぶ現場を見ること、大学内を見学（探検）することで、子どもたちの学ぶ意欲を高めたい、進学という選択肢があることに気付かせたいというねらいをもって取り組みをすすめることにしました。

1．キャリア教育としての大学見学の模索
── 2013（平成25）年度1回目の大学探検

1年目、琉球大学見学プログラムを次のような行程で実施しました。

①教育学部施設を中心に、「大学教員の研究室」「講義室」「学生控室」を見学する
②附属図書館を見学する
③中央食堂にて食事をとる
④大学の博物館「風樹館」を見学する

これらの案内は、すべて学生が実施しました。案内した学生は、学校支援ボランティアに参加した学生を中心に編成し、子どもたちとの関係性を重視しました。修学旅行での子どもたちの班（4名1グループ）に一人の学生がつき、①から④の行程を一緒に回りました。その中で学生生活を紹介したり、子どもたちの質問に応えたりとさまざまな交流をすすめました。博物館である「風樹館」の見学は、自然系の博物館がない石垣島の子どもにとっては新鮮な学びの場となりました。ここには、イリオモテヤマネコ、ヤンバルクイナなどの希少生物のはく製標本が展示されており、石垣島では見ることのできない多くの生物標本やはく製などの資料を子どもたちは興味深く見つめていました。

第1回目の見学では、子どもたちが石垣島にない大学の様子を少しでも感じ取り、「大学ってこんなところなんだ」「大学もおもしろそう」という気持ちを持ってもらうことができました。なかには、「大学に行きたい」という感想を書いた子どももいました。ただ見学するだけではなく、少人数グループに大学生が一人ずつつくことが有効な手立てとなりました。特に学生たちの半数が学習支援に参加した学生であり、子どもたちとの出会い、関係性を大事に取り組むことで、より効果的な学習となりました。以下は参加した子どもたちの感想です。具体的な研究内容にふれることは子どもたちに大きな刺激となったことがわかります。

・琉大の敷地内を一周しても数分かかったので琉大は広いと改めてわかった。次に技術棟で、LEDと今までの電球の消費電力の違いが自転車の発電機で、よくわかったのでLEDがどれだけ大切かがわかった。
・音楽棟ではピアノがたくさんあったり、楽器の部屋があっておどっている所も見れて、とても良かった。
・部屋に行って、脳の脳波をはかる機械をみました。脳波は、ギザギザしていました。本当に楽しかったです。
・学食を食べた後、風樹館にも行きました。風樹館にはヤンバルクイナの実物があってさわっ

てみると毛がサラサラでとても気持ち良かったです。チョウチョの標本とかもあってすごかったです。また生きているカメや少しだけ毒を持っているヘビがいました。

・琉球大学の中は、想像していたよりも広くて、町の中にいるみたいでした。音楽棟の前で見せてもらったジングルベルのダンス、見ていて楽しかったです。案内してくれた○○先生、とっても楽しかったです。大学は思ったより楽しそうで、私も大学に行きたくなりました。

・図書館は、とても静かで、私達の図書館は、にぎやかでなにか、へんな気分でした。でも、がんばって、集中しながら勉強していて、すごいなあ〜と感心しました。

（2013 年度修学旅行　子どもたちの旅行記より）

　この経験から、琉球大学見学を取り入れた修学旅行を継続的に実施していくことになりました。そのため、大学生による学習支援ボランティアも修学旅行とできるかぎり連動させ、子どもたちと大学生の交流が修学旅行までつながるように工夫してきました。写真は、2014 年度に行われた保護者向けの修学旅行報告会の様子です。子どもたちが自分の学びをいきいきと報告する様子に、保護者から次のような感想も聞かれました。

　修学旅行はとっても楽しかったようで、お家でも写真を見せてくれたりたくさん話も聞かせてくれました。中でも、琉大に行き、学生さんたちと過ごしたことが楽しかったようです。それまでに、八島小学校で、出会っていた先生に再会できたり、日頃からの琉大の学生さんたちとの触れ合いが良いのだと思います。子どもたちも先生や大学を身近に感じ、夢も広がりとてもいい経験だと感じています。

図1　2014 年度報告会の様子

2．学生と学びあう修学旅行──平和教育を小学生と大学生で学びあう

　琉球大学の見学を取り入れて3回目となる 2015（平成 27）年度の修学旅行では、平和学習のまとめを大学生と一緒にすすめるという形をつくりました。大学生が案内というだけでなく、ともに沖縄戦や基地について学びあう場面をつくることをめざしました。その場面では、八島小の教師にも感想や自身の生活経験も語ってもらい、さまざまな視点から沖縄戦の問題、米軍基地の問題について交流することを大事にしました。

【修学旅行の概要】

修学旅行の行程は以下の通りです。

> 　**【1日目】**
>
> 　石垣空港→那覇空港→轟の壕→沖縄県平和祈念資料館・平和の礎→嘉数高台
>
> 　→海洋博記念公園（海洋文化館・沖縄美ら海水族館）→ホテル
>
> 　**【2日目】**
>
> 　ホテル→琉球大学（教育学部見学・大学生と授業・風樹館見学）→中央食堂にて昼食
>
> 　→買い物（イオンモール沖縄ライカム）→那覇空港→石垣空港

　事前学習は、沖縄戦学習2時間、基地学習を1時間実施しました。沖縄戦の2時間は、「爆弾の破片から鉄の暴風について考える」「住民体験記録からどう生き延びたのかを考える」という授業を琉球大学の山口剛史が実施しました。基地学習は、吉濱剛校長（2015年当時）が青年教師として出演しているドキュメンタリー映画「基地と少年」（1985年シネマ沖縄作成）を鑑賞し、基地と隣り合わせの学校生活について経験を語ってもらいました（この映像は、科学映像館HPから視聴することができる）。事前学習では、たくさんの疑問をもつことを目標に授業をすすめました。

【事前学習を通じて出された子どもたちの疑問】

　事前学習で出された疑問から、大学生と一緒に考える授業をつくっていくことにしました。沖縄戦学習では、瑞慶覧長方氏の戦争体験を読んで「自分だったらどう行動したか」を考える授業を実施し、以下のような疑問が出てきました。

> ・日本はなぜアメリカと闘いをしようと思ったの？
>
> ・なぜアメリカは日本人をたすけたの？
>
> ・水や食べ物がない人は、どうやって食べ物をゲットしたのか。
>
> ・日本兵がなぜ同じ日本人を殺したのか？
>
> ・どうして日本軍はアメリカ軍につかまったら、ころされると、うそを言ったんだろう。
>
> ・なんで日本軍はアメリカ軍のほりょになってはならないといっていたのかがわからない。
>
> ・ごうの中で、どうやって生活してきたのかが、もっと知りたくなった。
>
> ・なんで食べ物がないのに命を落とさなかったんですかね？
>
> 　　　　　　　　　　　　　（事前学習ワークシートに書かれた子どもたちの疑問より）

　基地学習では、映像からの疑問と吉濱校長の話をした嘉手納町立屋良小学校の話から、次のような疑問が出てきました。

・どうしてあんなにうるさいのに住んでいる人が多かったの？

・どうして基地の近くの住宅街の上で訓練をするのか。

・なぜ基地ができたのか。

・なぜアメリカは基地を配備し戦争の準備をしているのか。なぜ沖縄だけに基地を置くのか。そしてアメリカになぜうつさないのか。

・沖縄の基地問題は今どのようなことでかいぜんされようとしているのか、不思議に思います。

・何で基地の中に入れないのか。

（事前学習ワークシートに書かれた子どもたちの疑問より）

このように、沖縄戦学習では、日本兵に助けられたり、食料を奪われたり、壕を追い出されたりする住民体験を読むことで、「日本兵の考え」（捕虜になってはいけない）が大きな疑問となりました。子どもたちの「自分だったらどうするか」の選択肢には、当然「捕虜になる」という選択が含まれます。そして捕虜になろうとする人を殺害した日本兵の姿に大きな疑問がわきました。

基地学習では、嘉手納基地の騒音、その中で暮らす学校生活の映像から、率直に「なぜ基地があるのか」という疑問が出てきました。事前学習での疑問を大事に、修学旅行当日の学習をつくることになりました。その時、ただ疑問に応えるということではなく、子どもたちにいろいろな材料を提供することを大事にし、当時に軍人に対する教育、学校教育の様子などから当時の考えにせまることにしました。また、基地についても多様な意見があることを具体的に示して、子どもたち自身の意見を大事にするようにしてきました。

【修学旅行当日の学びと子どもたちの声】

修学旅行当時の平和学習のまとめは、「大学生の授業を体験する」という形式をとり、あえてたくさんの書籍や具体的文書等から論証したことを紹介する形式にしました。子どもたちと考える疑問は「日本兵はなぜ『捕虜になるな』と言ったのか、なぜうそをついたのか」ということでした。これについて、軍人勅諭や戦陣訓など実際の資料を読み解く授業となりました。基地問題については、基地の近くで生活してきた学生の話など、具体的な生活経験（音に慣れてしまう現実など）を語ってもらい、基地が身近にない子どもたちに基地の影響を具体的に紹介することを大事にしました。

これらを通じて、子どもたちがガマや資料館に行って感じたこと、普天間基地をみて感じたことを深め、またたくさんの疑問が出て子どもたちなりに調べたいことが生まれるような授業としました。大学生には、子どもたちと同じ立場で自分が疑問に思ったこと、考えたことを話すように伝えました。小学生と大学生が同じ教材で一緒に学びあうという形

で授業をすすめることになりました。

図2 小学生と大学生が考え合う（1）

図3 小学生と大学生が考え合う（2）

図4 大学生が自身の考えを発表

図5 校長先生も自身の経験を発表

　この授業を通じて子どもたちが受けとめた大学生との学びの成果について紹介します。子どもたちは、大学生と一緒に学ぶことによって、大学生の発言だけでなくその方法などにも着目した感想を述べています。

- ・琉球大学で、学生と一緒に勉強して「人間の命は鳥の羽より軽い」という言葉が心に残りました。いくら戦争中でも、人間の命を鳥の羽にたとえるということはよくないと思います。命はとても大事です。私は山口先生と勉強して、その話をしっかりまとめている大学生はさすがだなあと思います。
- ・最後の大学生との授業では、少し難しかったけど、しっかり沖縄戦のことや米軍基地のことについて考えられました。大学生の思っていることはやっぱり深くてさすがで納得することがいっぱいありました。
- ・大学生との授業も、大学生は、発表してといわれたら、すぐにいうところがすごいと思います。私も、みならいたいです。こんなにも楽しい大学にいるのがうらやましいです。

（2015 年度修学旅行　子どもたちの旅行記より）

また、大学での学びのあり方に関するおどろきも書かれていました。

・大学生と授業をして、小学生とちがう所は、先生が答えを出すのではなく、みんなで意見を出して、みんなで答えを出している所が違うなと思いました。

・大学生と一緒に授業をしたときに使った本は11冊だそうです。とてもすごいと思います。そして大学生の考えは私たちと全く違うし、疑問をたくさんだしていたのですごいと思います。

・山口先生の授業の中で、大学では教科書に書いてある事が本当なのかうそなのか調べたりすると言っていてすごいなと思いました。

（2015年度修学旅行　子どもたちの旅行記より）

　基地に関しては、学生の話した経験を自分の経験と重ねたうえで自分なりの意見を書いている子どももいました。学生の語る沖縄本島での生活と、実際に嘉数高台に行った際に飛行するヘリコプターやオスプレイを見たことを重ね合わせて考えて自分なりの意見を形成していることは大きな学びであったということができます。

・訓練でとぶオスプレイの音のせいで授業がとまると聞いて、びっくりしました。私ならイライラして「やめろー」といいたいけど、いえないから。また何回もオスプレイのいやな音を聞いていると、その音があたりまえになってしまうということも学びました。自分は、この音をきいて、めいわくでもあると思うのでやめてほしいです。

・とても大きな教室で、大学生、山口先生と、平和学習のまとめについて学習しました。授業の中で、学生さんの考えを聞いてみると、自分が考えたことと全く違うくて驚いたこともあり、実際に聞いた騒音についても考えていて、凄いと思いました。

（2015年度修学旅行　子どもたちの旅行記より）

　これまでの修学旅行と同様に大学生との出会いを大事にし、それだけでなく大学の授業、食事などの生活も一部体験することで、子どもたちが「大学」にふれ、中学以降の選択肢を広げる場となりました。そこには大学生が子どもたちの夢を受け止め、短い時間であるけれども、親身に相談にのったことがうかがえる言葉もありました。

・毎年、お世話になっている琉大は、こんなにも広いこと、山口先生の授業で、沖縄戦のことを、よく知ることができて、よかったです。大学は琉大へ入りたいと思いました。

・ぼくは琉球大学で、1番楽しかった時間があります。それは、呂里先生と山口先生の授業です。なぜなら、大学生と一緒に考えたり、大学生にほめてもらったりしたからです。ぼくは琉球大学に入りたいです。ぼくの夢は料理人なので、琉大には、その夢をかなえられ

る場所があると聞いたからです。（中略）ぜったい琉大に行きたいです。○○先生、ぼくの
夢をきいてくれてありがとうございます。ぼくは、○○先生のおかげで、ぼくは夢をかな
えられそうなきがします。

（2015年度修学旅行　子どもたちの旅行記より）

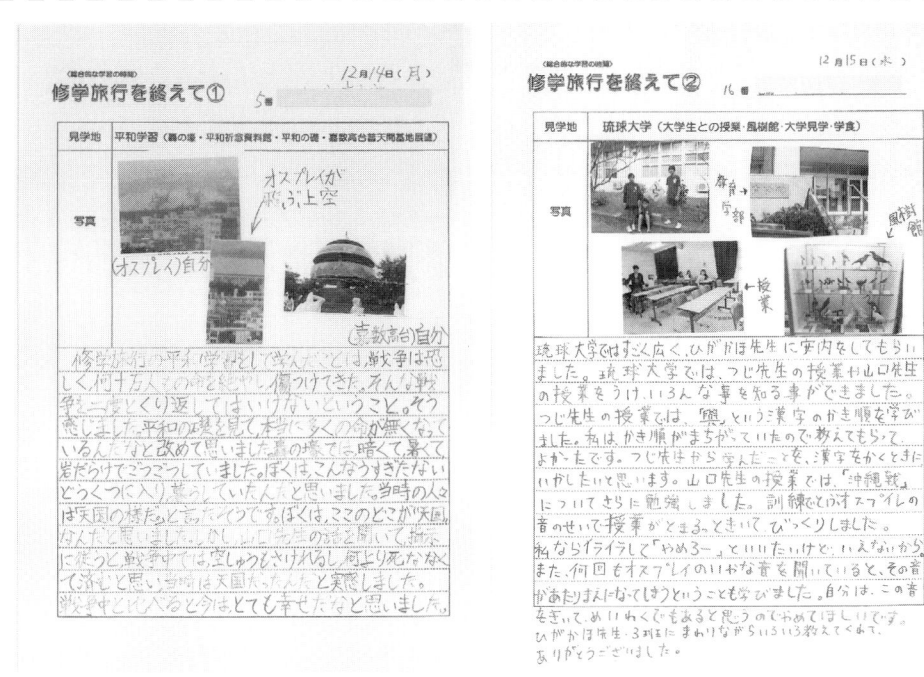

図6　実際の修学旅行記

　このような学びの成果は、保護者向けの修学旅行報告会で発表されました。報告会を聞
いての保護者の声をいくつか紹介します。ここから、修学旅行での平和教育、そして琉球
大学見学のキャリア教育としての意義が受け止められていることが読み取れるだけでなく、
事後学習において、子どもたち一人ひとりの学びをまとめてきた担任の力が大きかったこ
とも感じることができると思います。

・八島小ならではの「琉球大学への訪問」はとてもすばらしい事だと思います。娘も山口先
　生の話をしてくれたり、夢にむかって進むには「琉大生もあり？」と期待しています。
・旅行中見た事聞いた事、自分の言葉で一人ずつしっかりと発表してとてもすばらしかった
　です。あらためて平和のありがたさを感じたり又琉大訪問では離島に住んでいる子ども達
　にとってとても刺激的だったと思います。この先中学〜高校へ進んでいく中、この経験が
　何かのきっかけを作ってくれればと思います。
・修学旅行から帰った日、空港から自宅までの車の中で○○は夕食のステーキとライカムの
　事だけを話してました。旅行が終わって、感じた事、思い出はそれだけなのかと思ってま
　したが、報告会での姿は別人でした。戦争に対する感じ方、思い、考え等々、史料や写真

で事前学習→体験→振り返りで色んな事を考えて感じたんだと報告会へ参加して知りました。とてもよかったです。もう一つ大学へ行きたいという気持ちを持っているコトも知りました。興味を持つことはいい事だと思います。旅行へ行かなければ興味もなかったかも……良い体験をありがとうございます。

（修学旅行報告会保護者アンケートより）

おわりに

　この実践から言えることは、大学生の存在は子どもたちにとって「学びのロールモデル」となりうるということでしょう。単純に大学生というだけでもあこがれを持つことはあります。しかし、ともに「学習者」として学ぶことで、その学ぶ姿勢や発言などから小学生なりに大学生の思考や発想に驚きや発見があります。そして大学生の経験に学びながら自分なりの意見を形成しています。このような学びを作り出すことが、小学生にとって意味ある他者としての大学生の意味だろうと思います。最初は、「いいお兄さん、お姉さん」からはじまりますが、交流を深めるにつれ憧れや尊敬の念も生まれ、共に学ぶことで「学びのロールモデル（学習者として真似したい・なりたい存在）」になりつつある、それがこの実践の可能性ではないでしょうか。そのためには、大学生が「教師の卵」としてかかわるのだけではなく、「共に学ぶ」スタンスでかかわることが重要であると思います。授業の中で子どもの意見に共感し、自身の意見も語る姿が子どもに受けとめられたことは、旅行記から読み取ることができます。

　それは平和教育のような社会の仕組み、政治的課題であればなおさらです。ともに市民として悩む姿、一緒に考えていくスタンスが、子どもの学びを深めていきます。子どもなりに大人のさまざまな角度や立場の意見を吸収し、自身の意見を形成していくことが、平和教育の質を高めることになります。今回の修学旅行はそのような学びの可能性を見せてくれるきっかけとなりました。

　その後も、八島小の修学旅行では琉球大学見学を、ただの施設見学に終わらせることなく、大学生との交流を大事にすすめています。離島である地域の子どもたちにとって大学で食事をとったり、大学の授業をのぞいてみたりすることは貴重な体験となり、大学へのあこがれをつくるだけでなく、自分たちの授業や学び方を振り返るきっかけともなっています。このことで大きく何かが変わるわけではありませんが、保護者のアンケートにもあるように「この経験が何かのきっかけ」となってくれたらと願っています。そしていつか一緒に学んだ八島小学校の卒業生から教職を目指し琉球大学教育学部へ入学する子が出てくれたら……と期待しています。

（山口剛史）

第2章

学校文化をつくる

海の学習館のエントランス

第2章第1節は、前校長吉濱剛が渾身の力をこめて取り組んだ、「海の学習館」を核として自尊感情を培うカリキュラム・マネジメントの実践記録です。筆舌に尽くしがたいとされる労苦とともに力強く切り拓いてこられた地域の文化＝海人文化を学校文化の中核に据えることによって、子どもたちの自尊感情を育むことをめざした記録です。

　「海の学習館」には、海人の貴重な漁具等の学習材だけではなく、「海の学習」による子どもたちの学びの足あとが展示されています。第2節は、「海の学習館」に結実する実践記録を4編収めています。地域の身体文化を活かしたユニークな体育学習、海の生き物の不思議への感動から群読や科学絵本創作に発展した教科横断的な学習（国語と総合）、海人文化の誇りを受け継ぎ、自尊感情につなげようとした物語教材「海の命」の学習など、本書の特色を最もよく表す実践記録となっています。ぜひお読みください。この四つの実践を踏まえ、今年も「海の学習」は與那原慎先生中心に発展しています。

第1節　地域に根ざし、自尊感情を培う
——「海の学習」を柱としたカリキュラム・マネジメント——

　地域を歩き、子どもたちと向き合い、取り組んだ校長としての実践は、次第に「海の学習」を柱としたカリキュラム・マネジメントとして実を結んでいきました。当初から、カリキュラム・マネジメントを意識したわけではありません。子どもたちに自尊感情を培うことをひたすら願い、取り組んだ結実が、「海の学習」を柱としたカリキュラム・マネジメントであったわけです。

　カリキュラム・マネジメントについては、新学習指導要領等の実施に向け、重要なポイントの一つとしてあげられています。文部科学省「小学校におけるカリキュラム・マネジメントの在り方に関する検討会議報告書」（平成29年2月14日）は、次の三つの側面を指摘しています。

①各教科等の教育内容を相互の関係で捉え、学校教育目標を踏まえた教科等横断的な視点で、その目標の達成に必要な教育の内容を組織的に配列していくこと。

②教育内容の質の向上に向けて、子供たちの姿や地域の現状等に関する調査や各種データ等に基づき、教育課程を編成し、実施し、評価して改善を図る一連のPDCAサイクルを確立すること。

③教育内容と、教育活動に必要な人的・物的資源等を、地域等の外部の資源も含めて活用しながら効果的に組み合わせること。

　以上の三つの側面は、八島小学校校長時代（平成25年度〜27年度）に取り組んだことと、期せずして響き合っていました。

　カリキュラム・マネジメントへの必然性はどのような過程を辿って生まれ、その志向がどのようにして実を結んでいくのでしょうか。——そこには地域や子どもとの丁寧な対話の足あとがあります。地域の方々の子どもたちへの願いを全身で感じとり、受けとめ、子ども理解を深める過程があります。そのことの大切さを伝える、校長としての実践記録としてお読みいただければ幸いです。

１．地域の方の願いに学び、学校文化をつくる

（１）地域の方の願いを感じとる

　校長室に入室すると、目に飛び込んできたのは正面頭上に掲げられている海上パレードの大きなパネルでした。

　八島小学校は、大規模校解消のため海辺の埋め立て地に分離独立して平成6年度に開校しました。

　地域の先輩方は、この地域の特色を活かして開校記念として行った"海上パレード"のことを今でも誇らしく語り継いでいます。

図1　海上パレードの大きなパネル

　八島小学校区には、漁業を生業とするウミンチュ（漁師）たちで構成する東1組と東2組ハーリー組合があり、開校記念祝賀行事として当時、学校・PTA・地域が一体となって開校の喜びを、この地域ならではの表現にするために、新設校の夢と希望を乗せて大漁旗をはためかせた漁船を連ねて、勇壮な海上大パレードを行ったのでした。地域に心から迎えられる学校のシンボリックなイベントとして伝えられています。

　また、子どもたちが余興で参加する地域の敬老会へ招待された際、高齢者から、生活が厳しかった時代の地域のことや、地域住民がこの地に小学校の新設をどんなに待ち望んでいたかを切々と話されていました。

　敬老を迎えられる高齢者は、八島小学校のことを「ワッター学校」（自分たちの学校）と呼び、私のことを"ワッター学校のワッター校長"と親しみを込めて話しかけてくれました。

　同時に、高齢者の何気ない言葉から伝わってくる地域の子どもたちへの深い愛情を感じ、

これまで連綿として続いてきた地域と学校の関係を"学校力"として学校経営に活かしていくことの重要性を心にしっかり受け止めることができました。

　私は新任校に赴任すると、まず徒歩で校区を巡ってみることにしています。子どもたちがどんな地域環境で育っているのか、歩きながら地域の臭いが感じられるからです。

　本校の地域を歩いていると、ふと風に誘われて潮の香りがしてきました。見ると、家の囲いの塀の上に、漁具の大きな浮き球を思い思いの模様とアイディアをこらした飾り物として載せかけてあり、"地域らしさ"が漂っていました。

　また、校門から徒歩で5分も歩けば真栄里海岸の見える護岸にたどり着き、その近くに環境

図2　八島小学校の周辺

図3　塀の上に飾られた浮き球

省の国際サンゴ研究・モニタリングセンターや養殖場、漁港、加工場、貝殻の研磨加工場など、海に関連する施設がコンパクトに集合しています。

　そのような立地条件を活かし、6年生のハーリー体験活動や5年生のサンゴの観察、2年生の市主催の海人祭での踊り余興参加、生活科をはじめとする教科学習や総合的な学習を行っています。

　学校は、子どもを中心に据え、このような地域の自然や施設等の環境と、「ワッター学校」と呼んでくれる地域住民や関係団体等の「ひと・もの・こと」を学校に引き込んで、教育課程に位置づけて教育活動として地域に発信することで、子どもたちは楽しい学校を実感し、子どもたちのアイデンティティが育まれ、自尊感情も高まっていきます。

　また、地域にとっては、子どもたちが体験活動にかかわることによって、地域も元気になって活性化されるという相乗効果があり、子どもたちは、学校と地域の"WinWin"の関係の中で、地域の自然環境のよさや体験活動の楽しさを実感しながら"地域の子"として育ち、「ワッター地域」としてのアイデンティティが育まれています。

（2）子どもの自尊感情と地域

①学ぶ意欲と自尊感情

　自尊感情の高まった子どもは、心が安定し、友だちを受け入れ、他とかかわることを喜びにでき、やる気に満ち、学ぶ意欲も高まります。

　自尊感情には、基本的な自尊感情と社会的な自尊感情があり、基本的な自尊感情は、主に身近な家族で育ちますが、友だちと遊んだり、地域行事への参加等で共有体験（共有経

験や共有感情）の積み重ねでも育まれています。

　社会的自尊感情は、相対的で他者と比較して得られるものです。

　子どもの成長にとってそのどちらも大切ですが、基本的な自尊感情を土台として支えてくれています。

　本校の子どもたちは、「豊かな学びをつくる１０の指針」を柱とした学校

図4　八島小学校（手前）と登野城漁港（奥）

全体で基本的な自尊感情を育んでいる学校だといえると考えています。

②地域で育つ自尊感情

　周囲が海に面する八島小学校の校門をくぐると、ニライカナイ（海の彼方の理想郷）から幸せを漕ぎ寄せるといわれるウミンチュたちの魂のサバニ（ハーリー競漕で使用した爬龍船）が、"ワッター学校"の象徴として、子どもたちを見守っています。毎年恒例で行われるハーリー体験活動は、ウミンチュの総力を挙げて、体験活動を支えています。

　子どもたちは、伝統的な地域行事の追体験を通して地域のよさを実感し、地域の中にあるスピリット（魂）に共感することによって、アイデンティティ（心の根っこ）が育まれています。

（3）「豊かな学びをつくる１０の指針」と学校経営

①「豊かな学びをつくる１０の指針」と教育信条

　毎年、第1回校内研修会は、新職員と共同研究者（協働研究）を交えて、これまでの研究の歩みと前年度の成果と課題を確認し、研究を進めるにあたっての指針となる「豊かな学びをつくる１０の指針」（第1章第2節）を確認をしています。

　本校に赴任して初めて出会った「豊かな学びをつくる１０の指針」は、教師としての教育実践が重なり、胸の高鳴る思いで読み深めていました。

　いろいろな子どもとの出会いから、子どもの「行動には目的がある」という子ども理解のもと、その行動の向こうにある思いに気づき、寄り添える教師でありたいと願い、日々子どもたちと過ごし、子どもたちを通して学んだことが揺るぎない信念となり教育実践の根幹となりました。

　子どもから聞こえてくる心の声は、「本気に向き合ってくれたら、私は変わりたい。できるようになりたい」という共通の声なき声でした。

　このような教師経験から、校長として子どもたちに本気に向き合う、「子どものための学校」を創ることを教育信条としてきました。

　「豊かな学びをつくる10の指針」が、目指している児童観や教師観と私の教育信条は、"子ども一人ひとりに向き合って寄り添うことで、安心していられる心の居場所を見つけていく"、そういう学級、学校を創ることで自尊感情は高まっていくという思いを共有できました。

　学びの根幹に子ども一人ひとりの自尊感情を高めることが、あるがままの自分を認め、自分のよさに気づき、友だちと支え合い学び合うことの楽しさを実感しているのだと本校の子どもたちを見ての私の思いです。

　すなわち、「豊かな学びをつくる10の指針」を教育活動全体に広げていくことが子どもの自尊感情を高めることになるため、校内研究や日々の授業実践やその他の教育活動に「豊かな学びをつくる10の指針」がどのようにつながっているのかを位置づけ、検証することで指導と評価の一体化を図りました。そして、評価していくことで実践の"見える化"を図りながら「豊かな学びをつくる10の指針」をカリキュラム・マネジメントの"ぶれない柱"としました。

　また、学校経営構想図に「豊かな学びをつくる10の指針」を位置づけて学校経営目標との関係を明らかにし、具体的実践項目を提示して実践に結びつくようにしました。

　②カリキュラムマネジメントと学校経営構想図

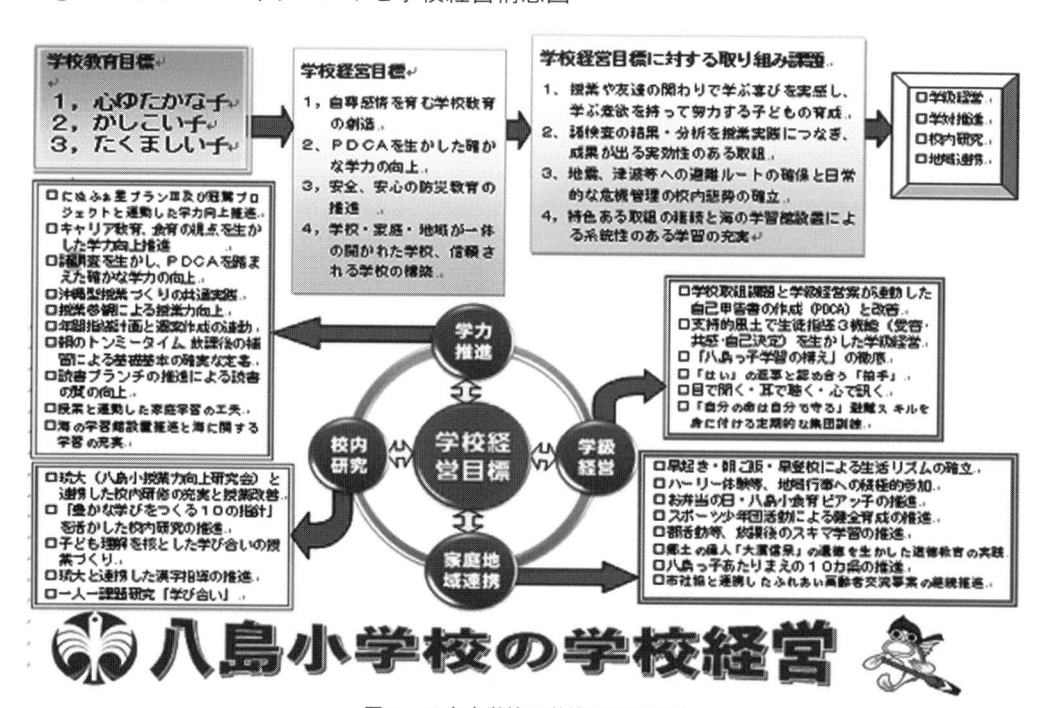

図5　八島小学校の学校経営構想図

　カリキュラムマネジメントは、学校教育目標の実現に向けて、カリキュラムを編成・実施・評価・改善を図る一連のサイクルを計画的・組織的に推進していくことです。

　学校経営構想図には、「学校教育目標」⇒「学校経営目標」⇒「学校経営目標に対する課題」⇒「学級経営・学力向上推進・校内研究・家庭、地域連携」のつながりを明らかにし、指導と評価の一体化を図るため具体的実践項目を明示しました。

　また、実践項目を評価し、学校教育目標に向けてさかのぼり、ボトムアップしていくことによって一人ひとりの教職員が学校教育目標を意識し、学校経営に参画し、学校教育目標の実現のために具体的に何をすべきかを共有できるように、"見える化""つながる化"を考慮して学校経営構想図を作成しました。

　③「豊かな学びをつくる１０の指針」による変容
　校長時代に「豊かな学びをつくる１０の指針」による変容について綴った文章を紹介します。

| 校長だより |（平成 27 年 1 月 20 日）

　今週、授業力向上に向けての指導主事訪問がありました。

　沖縄型授業の展開と学力を支える学習の構えや学習環境、子どもの授業に向かう姿勢について観察し助言をいただく予定でした。

　学校参観・授業参観の後の管理者面談の際、開口一番述べられたことは「質問はありません。なぜこのような学校が実現できているのかを校長・教頭の立場から説明してください」──とても、拍子抜けしてしまいました。

　その背景には、琉球大学との共同研究による八島小授業力向上研究会の立ち上げがあり、「豊かな学びをつくる１０の指針」を柱とした取り組みを、子どもとの関わりから教師が学び、「子どもに寄り添うことができる教師」が育ち、「八島小の教師としての構え」が教員文化として育っているからだと説明しました。

　また、子どもの実態や地域の実態を踏まえた特色ある学校行事等を長期にわたって継承していることや、子どもたちがあたりまえに見えているいつもの地域を、教材研究・教材分析により、授業を通して"地域のひと・もの・こと"と新たな出会いとして自分の住んでいる地域を再発見し、同時に見直し、アイデンティティーが育まれ、自尊感情が高まっていきます。

　教師自身は、共同（協働）研究のよさ・楽しさ（大学の専門の先生との関わりで視野が広がっていく自己や、具体的に子どもに寄り添う実践の方法等が学べる）を実感しています。

　子どもたちは、一人一人に寄り添うことで学びの喜びを知り、自分らしさを表現することを受け止めてくれる友だちや教師がいることで安心して学べる心の居場所を見つけ、楽しい授業、楽しい学級、楽しい学校につながっています。

琉球大学地域連携事業部門成果報告交流会 （平成 27 年 3 月 7 日）

　「豊かな学びをつくる１０の指針」の継続で子どもたちが確実に自尊感情が育っていることを目の当たりにしたとき、校長として学校経営に活かすことで、学校全体の教育活動が活性化すると考え、経営の柱に据えることにし、学校経営目標の一番目に『自尊感情を育む学校経営の創造』としました。

　学校経営上の成果を二つ、お話しします。

　一つ目は、子どもたちの自尊感情が高まっていることが大きな成果といえます。

　子どもたちの自尊感情が高まったことで、子ども同士の対立がほとんどみられません。異学年、男女など友達を分け隔てることなく良好な関係で優しく接することができています。

　二つ目は、自尊感情の高まりにより、子どもたちは学校において安心して学べていることです。このことは、外部評価として、訪問した方々から一様に出てくるコメントであり、大学生のボランティアのレポートからも確認できます。

　これらの成果の背景には、一つ目に、琉大との共同研究によって、教師一人一人の子どもを見る目（子ども理解）が養われてきたことがベースにあります。授業づくりが子どもを見る目を養い、子どもに寄り添い、子どもを認める授業をつくりあげきてきたことが重要であります。校内研（授業研究会）において、一人一人の子どものつぶやく言葉や子ども同士が友だちのよさを見つける活動を通して、子どものよさに気づく細やかな教師の確かな目を育てる研究会は、子どもに寄り添う姿勢が磨かれるだけでなく、教員自身もエンパワーされることにつながっています。二つ目に、子ども支援会議をここ数年、毎月継続していることで、担任だけでなく学校全体で子どもたちの実態と課題を共有し、総ての教職員が気になる子に声かけできるように取り組んできました。この継続により、子どもを支える教職員の文化が育まれ、教職員集団としての質が少しずつ高まってきました。

　この成果のキーワードは、「一事徹底の長期継続」です。

　子どもが変容するための学校づくりは、一貫した確かな方針で継続することに拘って、子どもに寄り添う実践を継続し積み重ねることで、“子どもの姿”として表現されていきます。その柱になってくれているのが、「豊かな学びをつくる１０の指針」であります。ややもすると、管理職を始め教職員の人事異動等により教師の入れ替えがあり、多少の教師の価値観の違いはあっても、ぶれないように年度当初より教師を支援して継続してこられた授業力向上研究会の先生方の一貫した姿勢であります。

　転勤で来られる教師は、最初は戸惑いもあるようですが、子どもとかかわる時間とともに「豊かな学びをつくる１０の指針」の求めているものを理解・共感し、“認め合い・支え合う”という「八島カラー」に染まっていきます。そうすると、次第に教師の声のトーンも落ち着いて、子どもに聞きやすい声へと変わっていき、子どもとじっくり向き

合い、子どもに寄り添うことができるようになります。

　琉大の先生方と協働による授業づくりや子どもとかかわる教師のことばかけの継続によって、子どもたちの自尊感情が"熟成"されてきたといえます。

〇自尊感情が高まった子どもは、友だちを大切にします。

　自分の居場所を見つけることができた子どもは、周りの友だちに優しく進んで友だちとかかわろうとします。

　毎朝、体の大きな6年生男子が、小さな1年生の女の子を優しく手をひいて登校してくる様子は、子ども本来のもつエンパワーで、お互いに基本的な自尊感情の高まりを表現している子どもの姿です。

〇自尊感情が高まった子どもは、授業中、落ち着いて学習ができます。

　学校訪問者の感想～"特に高学年が落ち着いていますね。授業中、先生方が大声で話す声が聞こえないですね。"

　現在の6年生が1年生の時に協働研究がスタートし、「豊かな学びをつくる10の指針」で教師が育ち、子どもが育った姿だといえます。

〇自尊感情が高まった子どもは、学力が確実に向上していきます。

　5年生の時に転校してきた子どもが、「勉強がわからない、授業がおもしろくない」と、授業中の私語で友だちを巻き込んでいましたが、教師がその子に向き合い寄り添い、友だちが受け入れてくれる"八島カラー"の学級の雰囲気に包み込まれ、自分なりのよさを認めらることで学級での居場所を見つけ、徐々に自尊感情が育まれると学習意欲が向上し、落ち着いて学習に集中できるようになり学力の向上につながりました。

〇自尊感情が高まった子どもは、自らチャレンジし、伸びようとします。

　自尊感情を高めるには、その子なりのよさを認め、「自分はできるんだ。できそうだ」と自信と勇気づけをすることで、さらに向上しようと努力する子どもに育ちます。

　そのためには、学級の支持的風土や生徒指導の三機能（受容・共感・自己決定）が学級内に醸成されていなければなりません。そのことが「豊かな学びをつくる10の指針」と連動して"八島カラー"としてやる気に満ちた学級や学校風土となって育っています。

2．地域の特色を活かした「海の学習」

（1）地域で育つ子どもたち

　修学旅行で海洋博記念公園にある"海洋文化館"を訪ねたときのことです。これまで引率した子どもたちと違い、本校の修学旅行隊は、海に関する展示物に高い興味を示すことに驚きました。海中生物や漁具、歴史遺産に残る外国船、写真パネル等に関心が集まり、興味津々、楽しそうに見学しています。

　中でも、ウミンチュの子どもたちが、漁具の説明を腰を据えて丹念に読んでいる姿は印

象的でした。女子のあるグループは、ハーリー体験を思い出したのか出口付近に飾られて
いるサバニ（爬龍船）に乗り擬似体験を楽しんでいます。

　これまでも何度となく海洋文化館の引率をしてきましたが、これほどまでに関心が高く
楽しそうに見学している子どもたちを見るのは初めてでした。

　これまでの生活経験から、海と自分の関係が常に近くにあり、子どもたちにとって、
『海』は遊びの対象であり、日常生活とつながりのある一部として受け入れる土台が育っ
ているのだと感じました。

　子どもたちは、身近な地域とかかわりながら成長しています。

　子どもにとって身近な地域は、学校では学べない多様な"ひと・もの・こと"との出会
いを通して、「社会」としての総合的な学びがあり、地域と直接つながりをもつことに
よって実感しながら、"心の根っこ"を形成され、地域における自尊感情が高まっていく
のだと思います。

　また、同じ地域に住んでいる子どもたちは、日頃からほぼ同じ仲間と同じ場所で、同じ
遊びを飽きるまで繰り返し、"三間"（時間・空間・仲間）を共有することで、自分の住む
地域の"ひと・もの・こと"の良さを実感しながら育っています。

　学校は、子どもたちのこれまでの育ちを子どもの実態として受け止め、地域と学校のか
かわりを深め、地域に根ざした教育活動を創造していく必要があります。

（2）地域の「ひと・もの・こと」と自尊感情

　八重山郡は、石垣島、竹富町、与那
国町の1市、2町あり、多くの島々
で形成され、各島々には独特の自然や
古来より脈々と受け継がれてきた文化、
伝統行事等があり、子どもたちも地域
の一員として育まれています。

　石垣市では、ユッカヌ・ハーリー
（海人祭）が、毎年旧暦の5月4日に
航海の安全と豊漁を神様に祈願して
ハーリー競漕が開催されています。

図6　ユッカヌ・ハーリー（海人祭）

　本校区にある東1組ハーリー組合、東2組ハーリー組合のウミンチュたちも、本番に向
けて誇りと名誉をかけて厳しい練習を重ねるとともに、競漕用のハーリー船も丁寧に磨き
をかけて、少しでも速い船に仕上げようと余念がありません。

　ハーリー組合のウミンチュたちにとって伝統的に行われているユッカヌ・ハーリーは、
年に一度の"晴れの日"であり、それぞれの組織の名誉をかけての決死の闘いの日でもあ
ります。

　当日は、夜も明けやらぬ暗いうちからそれぞれの組合のハーリー衣装をまとい、ハーリー船を引きながら御嶽に祈願を行います。

　ウミンチュの子どもたちにとっても地域の一員として"晴れの日"であり、ハーリー衣装を着て威風堂々と銅鑼を叩いてハーリー船を先導して御嶽に奉納祈願を行います。

　ハーリー衣装をまとった子どもたちは、学校ではなかなか見せない、きりっとした出立ちで、ウミンチュの一員としての魂を受け継

図7　銅鑼を叩いてハーリー船を先導

ぎ、晴れ着であるハーリー衣装を着ることで自尊感情が高まる特別な日なのです。

　校長は、これらの地域独特の力強い伝統行事や自然、それにかかわる人びとの思いを理解し、地域の"ひと・もの・こと"を活かした学校経営ビジョンを策定し、子どもたちを中心に据えた学校教育活動を保護者や地域住民と共に連携して推進することが求められています。

（3）地域の特色を活かした海に関するカリキュラム
──地域の子は、地域と学校で育てる

　海辺の学校のメリットを活かしたハーリー体験活動は、平成12年度からハーリー組合（東1組、東2組）の協力により始められ、本物のサバニに世界に一つのマイエーク（ウミンチュに型枠を作ってもらい、自分でデザインをした櫂）で漕ぎ出す体験は当初6年生だけが行い、その後、5年生も参加して継続されてきました。

　また、かつてウミンチュの子どもたちが、廃材を使って手作りの小舟を作り遊んだという"ミニサバニ"（仮称）（方言でグナフニグァー"小舟"の愛称で呼んでいた）4艇がハーリー組合より寄贈され、「ウミンチュの子ども文化」として総合的な学習や体育学習に活かされています。

　さらに、学校創立20周年を記念して、舟大工の棟梁の指導の下、2カ月をかけて本物のサバニ（爬龍船）を作って寄贈してもらいました。

　船の名前は、校歌の題名「夢翼」にちなんで「夢翼丸」と名付け、絵のデザインは、本校のマスコットになっているトントンミー

図8　サバニ（爬龍船）「夢翼丸」

（トビハゼ）が飛び交う、子どもたちに夢のある楽しいデザインを職員で描き上げました。

　ハーリー体験活動のはじめには、子どもと職員が乗船し、エーク（櫂）を漕いで、本校にしかないハーリー船「夢翼丸」で海上の安全祈願をしました。

図9　『夢翼丸』で海上の安全祈願

　また、学校も日頃お世話になっているお礼の表現として、「海」を生業としているウミンチュの正月（旧正月）に、地域の学校として子どもたちに旧正月の雰囲気を味わってもらいたいとの願いから、校門前広場に寄贈された「夢翼丸」のサバニと、ウミンチュのお正月に掲げる大漁旗で祝意を表現しました。

　ウミンチュの皆さんにも喜んでいただき、地域と学校の信頼と絆も深まり、「ワッター学校」として、地域の自尊感情も高まることで、子どもたちの地域自慢につながってほしいと願いました。

（4）「海の学習」を推進するにあたって

　地域に根ざしたカリキュラムを推進するため、海に関する地域の"ひと・もの・こと"を学校に引き込み、子どもと地域のつながりや絆をより一層深めていく必要があります。

　その際、配慮したいこととして、

図10　校門前広場に寄贈された「夢翼丸」

　ア．地域の教育資源である「海」をテーマに各教科や生活科、総合的な学習等で各学年が教材化が図れるよう地域における職員研修を実施し、共通理解と実践意欲を高めていきます。

　イ．水産関係者や地域代表、保護者に海に関する学習の意義や外部人材が関わる意義について説明して協力を求め、開かれた学校・信頼される学校づくりに努めます。

　ウ．継続してきた行事を更に教育的価値の高いものにするため、学校・保護者・地域・関係団体と情報交換を行い連携を密にしていきます。

　エ．教職員も自ら地域へ働きかけ、地域の教育資源の開発に努め、授業に活かせるようにします。

　オ．琉球大学授業力向上研究会と協働研究を行い授業づくりを推進します。

　カ．「海の学習館」を設置し、各教科および総合的な学習に活かせるよう整備していきます。

（5）海に関する体験活動の実際

ハーリー体験活動

ハーリー体験活動は、本物のサバニを使用することからハーリー組合の全面的な協力なしでは実施できません。毎年、ハーリー組合の新役員の改選後、東1組、東2組ハーリー組合代表、保護者代表、学校職員の三者で話し合いを持っています。

事前打ち合わせ

各ハーリー組合代表、PTA役員、学校代表が一堂に会し、学校側説明を基に、事前清掃や漁港の安全確保等、各ハーリー組合、PTAの役割分担を確認しました。

マイエーク（櫂）作り

世界に一つだけのマイエークを作って、ハーリー船を漕ぎ出そうと、6年生児童は、ハーリー組合や保護者の協力でエークを作り、手作りエークで主体的に体験学習を楽しんでいます。

ハーリー体験

体験会場は、前日から保護者やハーリー組合の協力で、安全確保のため洗浄機を使い丁寧に滑らないようぬめりを落とし、また、方形の小さなゴムマットを何百枚もつなぎ合わせ、会場周辺の清掃や会場作りを児童とともに行いました。

図11　ハーリー体験

当日は、地域のウミンチュは漁を休んで、ハーリー体験の運営に協力してもらい、監視船や潜水して安全の確保に務めてもらっています。

はじめに、寄贈していただいたサバニ「夢翼丸」を校長はじめ、保護者代表、児童代表が安願ハーリーを行い、その後、子どものハーリー競漕を行いました。

また、ミニサバニ（一人乗り用）競漕も行いました。

事前にプールに浮かべて練習しましたが、自然の海は、潮の流れや風の影響を受けやすくてバランスをとるのが難しく、操作がうまくいかず右に行ったり、左に行ったりと迷走している舟もいましたが、ウミンチュの皆さんのサポートで安全に楽しむことができました。

図12　ミニサバニ（一人乗り用）競漕

魚さばき体験

　ハーリー体験終了後、6年生は、ウミンチュによるマグロの解体ショウを間近で見学しました。

　見たこともない巨大な魚がマグロだというイメージがわかないで見ていましたが、解体が進んで小さなブロックに切り分けられたとき、「ああ、マグロだ。スーパーで見たことある」と、パックに包まれているのがマグロだと思い込んでいたようです。

図13　ウミンチュによるマグロの解体ショウ

　その後、あらかじめ漁に出て準備してもらった魚の鱗かきや内臓をかき出す体験を保護者やウミンチュの指導の下、悪戦苦闘をしながら作業用手袋をしてチャレンジしました。

　初めての経験の子どもがほとんどで、慣れない手つきながらも興味津々、真剣に、戸惑いながらも夢中になって取り組みました。

図14　魚さばき体験

ウミンチュから「ワッター学校」の 子どもたちへのプレゼント

　魚さばき体験を終えた6年生と保護者は、ウミンチュの皆さんがこの日のために漁に出て、確保したマグロや高級魚のアカマチ（ハマダイ）をはじめ、数々の魚を、お刺身やてんぷら、から揚げ、にぎり、魚汁などの魚づくしの料理を準備して振る舞ってくれました。

　子どもたちにとっては、6年生になったらウミンチュ料理が食べられることもハーリー体験の醍醐味になっています。

図15　子どもたちへのプレゼント

ユッカヌ・ハーリー競漕大会の余興に参加

　市主催の海人祭に、ハーリー組合のある地域の子どもたちは、婦人の踊りと一緒に余興として参加しています。

　本校では、地域に関心を持たせるため、

図16　ユッカヌ・ハーリー競漕大会の余興

ハーリーについての学習を地域の方をお招きして2年生が生活の授業として行っています。その後、"ハーリーを応援しよう"ということで、踊りを練習し、当日は余興として参加しています。

総合的な学習における海に関する学習

3学年：地域内の海に関する施設を調べよう

4学年：ハーリーについてウミンチュにインタビューをしよう

5学年：サンゴのコーラルウォッチをしよう
　　　　ハーリー競漕をしよう

6学年：ハーリー競漕をしよう
　　　　魚さばき体験をしよう

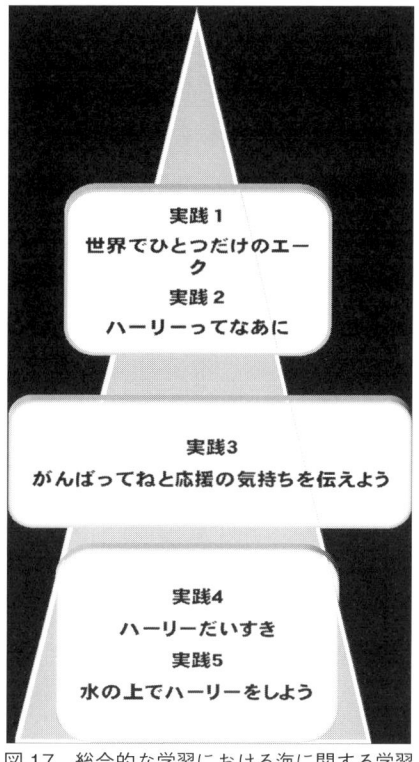

図17　総合的な学習における海に関する学習

3．学校内に「海の学習館」設置へ

（1）ウミンチュへの思い

　学校行事の前後やその他のことで積極的に関係職員や保護者とともにウミンチュと交流する機会を設定しました。

　南国の灼熱の太陽の下で働くウミンチュは、日に焼けたたくましい体つきで、一見強面（こわもて）の風貌をしていますが、話しかけると優しく心温かく朗らかに接してくれました。

　海上の世界は陸と違い、常に命がけで潜り漁や急な天候の変化等で生死にかかわる体験をしたウミンチュの話を聞くことがあります。

　そのような厳しい自然条件の中でも、漁業を生業とするウミンチュの漁は、5メートル以上の長さのある銛を作り、泳ぎながら獲物を捕るなど、獲物によっていろいろな漁具を工夫しているといいます。

　漁業を生業とするウミンチュは、捕る技術、漁具の工夫、強靭な体力、海の自然条件を利活用する経験知、勇気や判断力、決断力、上意下達のチームワーク等が求められます。夜中に漁に出て、何日か船で寝泊りしながら獲物と格闘したり、電灯潜り漁をする話などは知らない世界であり、ウミンチュの孤独な闘いがありました。

　中でも魚の種類によって作られる漁具は、"ウミンチュの知恵"の集積であり、地形や

魚の性質等、総合的な判断力のもとに漁具が開発されていました。

　子どもたちにハーリーだけではなく、もっと漁業という仕事の醍醐味や厳しさ、知恵を伝えたいと思うようになりました。

（2）「海の学習館」設置に向けて

　本校は、地域の特色である「海」に関して、これまでも地域学習として海とのかかわりで学習が進められていました。

　総合的な海の学習の一環として、「海の学習館」を整備して子どもたちが身近に学習の場を設置することで、興味・関心がさらに高まり、もっと知りたい、もっと調べたい等の探究意欲を高められると思い、地域の特色を生かした「海の学習館」設置に向けて動くこととしました。

　設置に向けての方向性を示すべく、事前研修として海洋博記念公園の海洋文化館や糸満で以前からサバニや漁具との収集家として知られるウミンチュ工房博物館館長を訪ねることとしました。

　まず、海洋博記念公園を訪問しました。海洋文化館説明資料には、次のように説明されています。

　　「海洋文化」とは、母なる自然の「海」と日々を生きる「人間」とのやりとりを通じて育まれた心のあらわれとも言えます。海の魅力に誘われ、人々は海と共に生きようとします。そこに海と人とを結ぶ「船」が生まれ、さらに、未知なる同胞と行き来を求めるのです。

　　海洋文化館では、このような海を舞台に繰り広げられる人々の交流、すなわち「海洋文化」について、その文化・歴史を紹介しています。

　　日本そして沖縄のなりたちと特に密接な関係にある環太平洋圏へ、豊富な資料や興味深い解説に導かれての船出が始まります。先人達の、そしてこれからの我々の「海洋文化」について思いを巡らせてください。（後略）

　次に、糸満海んちゅ工房博物館を訪問しました。

　糸満海んちゅ工房博物館は、海人の知恵と技が詰まった資料館で糸満海人（ウミンチュ）の歴史・文化を保存・継承・資料収集する事を目的として運営されている資料館です。糸満海人が使用していた手作りの漁具や日用品を展示しています。

　館長の丁寧な説明や資料収集に対する熱い思いに触れ、海の学習館構想のイメージが徐々に見えてきました。

　館長の話されたことで特に印象に残ったのは、八重山でウミンチュをしている人を"八重山糸満"（エーマイトマン）と呼び、糸満のウミンチュから八重山に移り住んだ兄弟親戚のような関係

だと話され、糸満とのつながりが分かり、さらに親近感が増しました。

（3）「海の学習館」設置の願い

　学校経営は、学習指導要領、子どもの実態、保護者の願い、地域の思い、歴史等を踏まえて、本校の特色（強み）ある取り組みを推進します。

　漁業を生業とするウミンチュはじめ、地域の"ひと・もの・こと"に光を当て、「海の学習館」を子ども目線で地域学習ができる場として設置することで地域と学校をつなぐ拠点とし、地域理解と地域への愛着を持たせたいと願いました。

　その際の配慮として、

○身近にある「海」について関心を広げたり、深めたりできるような施設にする。
○八島町を中心とした水産業関係施設とネットワークを図り、年間指導計画に系統的に位置づけ、教科や総合的な学習との関連を図る。
○「海」に関する展示を行うことにより、地域との連携をさらに進めることで、開かれた学校づくりに資する。

　「海の学習館」が、学校と地域をつなぐ架け橋になり、子どもたちが自分の学校を自慢でき、マスコットのトントンミーのように八島っ子として元気に飛び交い、楽しい学校、行きたい学校になってくれることを願っています。

おわりに

　赴任当初から、なんとなく違う風が吹いている学校だなという感覚を覚えた八島小学校でした。

　本校は、学校の特色が内外からはっきり分かる学校でもあります。海に関する学習、食育研究校を機に始まった「お弁当の日」、道徳的実践の取り組みとしての「あたり前の１０か条」、福祉ネットワークと連携した地域の「高齢者交流」等、特色ある取り組みが地域や関係機関と連携して継続されている学校です。

　子どもたちは、「豊かな学びをつくる１０の指針」を柱とした授業づくりやその他の教育活動を通して、学級や学校での"居場所"を見つけることができ、大好きな八島小とともに"愛校心"が育ってきたとのだと考えています。

　卒業を前にした６年生全員がその思いを心の底から湧き出るように叫んだ言葉が「八島小最高！」でした。

　子どもたちの体の中から突き抜けるように、声高らかに発したこの言葉こそが最高の喜びの表現であると同時に、これまで支えてくれた友だちや教師、父母、地域の方々等、育

ててくれたすべてへの感謝の表現であり、私が目指してきた「子どものための学校」でした。

　自尊感情は、子ども同士や教職員、地域で共有体験や感情の共有があって育まれていくものです。

　一日の大半を学校で過ごす子どもたちは、基本的に授業の中で居場所を感じられることが楽しい学校につながっていきます。認めてくれる友だちや支えてくれる友だちがいてこそ"学びの楽しさ"を実感し、子どもたちの居場所を保証してくれています。

　それをこれまで支えているのが琉球大学授業力向上研究会との協働研究であり、そこから生まれた「豊かな学びをつくる１０の指針」なのです。その継続によって、子どもや教職員に浸透していき、その結果として、子どもの姿として今の八島小学校があるのでしょう。

　子どものいじめは、最重要課題として各学校で取り組まれています。

　その根底にあるのが、自尊感情の低下だと考えています。

　自尊感情の低い子どもは、荒れることで自分の居場所をつくろうと必死になったり、引きこもって自分の身を守ろうと精一杯の行動をとろうとしたりします。

　学校は、自尊感情を培うカリキュラム・マネジメントを通して、子ども一人ひとりの居場所を確保し、心から安心して学びに向かう子ども同士の支えとなっていなければなりません。カリキュラム・マネジメントを通して、自尊感情を高める環境や活動を高めることで"学校力"も高まっているのです。

（吉濱　剛）

図18　子どもたちが描いた「やしま丸」

第2節 実践編 「海の学習館」に向けて

地域における子どもの遊び文化の教材化

体育科におけるミニサバニ乗りの実践☆6年・体育

はじめに

沖縄は立地や歴史的な特性から、独自で多様な文化が発展し、現在まで多くの地域の行事や祭りが継承されています。その中には、ハーリー競漕、旗頭、棒術等、体育的な要素を含む行事も多くあります。

図1 ハーリー

図2 棒術

図3 旗頭

本校は埋立地に設置され、周囲には漁港や養殖場等の漁業関連施設が隣接しており、地域には漁業を生業とする海人が多く、地域の一大行事である海神祭（ハーリー競漕大会）が盛大に行われる海人文化に根ざした地域にあります。

創立20周年を記念して、地域の特性を生かした海上スポーツレク大会を企画・実施した際、かつてあった子どもの遊び文化を復活させ「ミニサバニ競漕」を企画すると、地域のハーリー組合から、4艘のミニサバニが贈呈されました。

図4 本校の周辺

「ミニサバニ」とは、40〜50年ほど前まで海人の子どもたちが防波堤での釣りをするための移動手段として廃材のベニヤや杉板を利用して作成した一人乗り用の小さな手こぎの船のことで、当時は方言で「グナフニグァー」と呼ばれていたものです。

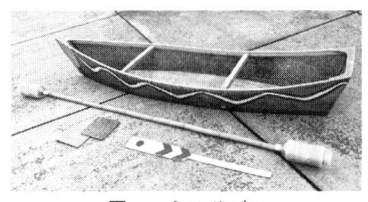

図5 ミニサバニ

この「ミニサバニ競漕」をきっかけに、地域の身体文化を学ぶ地域素材の教材化を図り、体験を通して地域のよさを実感させることは、きわめて教育的価値が高いと考え、ミニサバニの教材化の取り組みを行いました。

1．学習指導要領との関連

「ミニサバニ」を教科体育として位置づけるために、学習指導要領の以下の点との整合性から、3・4学年「体つくり運動・多様な動きをつくる運動」として取り扱いました。

> 3学年及び4学年の内容　A体つくり運動　(1)運動　イ　多様な動きをつくる運動
> (ア)体のバランスをとる運動　(ウ)用具を操作する運動　(オ)基本的な動きを組み合わせる運動

2．単元計画

（1）単元名「ミニサバニ乗り」（体つくり運動)

（2）単元の目標

関心・意欲・態度	思考・判断	技能
ミニサバニ乗りに進んで取り組み、きまりを守り仲良く運動したり、場や用具の安全に気を付けたりすることができるようにする。	ミニサバニ乗りの行い方を工夫してできるようにする。	体のバランスや移動、用具の操作などとともに、それらを組み合わせることができるようにする。

（3）単元計画

時	めあて・活動内容	評価
1	ミニサバニに乗ろう ・ライフジャケットで浮く感覚をつかみ安心感を得る。 ・ミニサバニを体感し自分のめあてを考える。	関意 技能
2	ミニサバニでバランスをとりながら移動しよう ・グループで支えてもらいながら→ペアで後ろから支えてもらいながら→一人（支え無し）でミニサバニに乗りバランスをとりながら直進する。	関意 技能
3 4	自分にあったコースで練習しよう ・一人でミニサバニを操作し、ターンをしたり友だちと競漕をしたりする。	思断 技能
5	二人でバランスをとりながら移動しよう ・二人乗りでミニサバニを操作し、ターンをしたり友だちと競漕をしたりする。	思断 技能

3．学びの実際

【第1時】　ねらい ミニサバニに乗ろう

（活動内容）

・ライフジャケットで浮く感覚をつかみ安心感を得る。

・ミニサバニを体感し自分のめあてを考える。

　プールに集まった子どもたちは、プールサイドに並んだ「ミニサバニ」に目を輝かせました。海に親しむ本校の子どもたちにとってのこの教材の魅力と、興味関心の高まりを感じ、子どもたち以上にこれからの指導の期待感を覚えました。

　はやる気持ちを抑えながら、安全面の確認のため、全員ライフジャケットをつけての浮く体験からスタートすると、「気持ちいい」「浮かんでる」「楽ちん」と、水泳学習とは違った水に浮く心地よさを感じています。

　しかし、この時点で、えみさんは床から足を離せませんでした。えみさんは水に対する恐怖心が強く、水泳学習でも、蹴伸びを練習中でした。

　いよいよミニサバニに乗る活動へと移ります。はじめは4人グループを作り、3人で支える船に1人が乗り、25メートル移動する体験をローテーションで行いました。バランス感覚の高い児童は、支えの児童を付けずに移動を試み、楽しむ姿も見られました。

　しかし、えみさんと水泳学習において顔付け段階の学習をしているだいきさんは、水に対する恐怖心の高さからか、3人で支えているミニサバニにも乗ることができず、次時の活動に向けて個に応じたスモールステップを準備する必要を感じました。

【第2時】　ねらい ミニサバニでバランスをとりながら移動しよう

（活動内容）

・グループで支えてもらいながら→ ペアで後ろから支えてもらいながら→ 一人（支えなし）でミニサバニに乗りバランスをとりながら直進する。

　授業開始前の準備時間です、「動きにくいからライフジャケットなしでやりたい！」一人の児童がより動きやすい状態で活動をしたいと申し出てきました。学習意欲の高まりが感じられる発言に、安全の再確認を行い快諾すると、数名の児童が同様にライフジャケットなしでの活動を希望しました。

　第2時の活動は、ミニサバニの（3人支え→1人支え→支え無し）と段階的に一人で乗れるように進んでいく活動を行います。

　活動が進むにつれ、支える児童を徐々に減らし、バランスのコツをつかんだ児童は一人乗りまで進み、「一人で乗れた。簡単簡単！」「もっと速く進みたい」と、「乗る」ことか

ら「自在に操作する」「乗りこなす」「速く進む」というようにめあての変容が見られました。

　また、移動に使うパドルの選択は、ミニサバニのイメージや経験がある児童は手こぎ板での挑戦（図6）が多く見られ、初めての児童やバランスの不安定な児童は、バランスパドルの使用（図7）が多く見られました。手こぎ板のストロークは、左右同時と左右交互のパターンが見られ、こどもたちは、思い思いに活動を楽しんでいました。

図6　手こぎ板で進む様子

　第1時で支えてもらいながらも乗り込むことができなかったえみさんとだいきさんは、第2時から小プールでの活動を行いました。小プールでの活動では、水深が浅く足が容易に着く安心感からか、だいきさんは支える人がいればサバニに乗り込み、さらに移動することもできるようになりました。しかしえみさんは、何度もあきらめずに挑戦は行ったものの乗ることはできませんでした。

図7　バランスパドルで進む様子

【第3時】　ねらい　自分にあったコースで練習しよう
（活動内容）
　・一人でミニサバニを操作し、ターンをしたり友だちと競漕をしたりする。

　この日からコースを分け、自分にあっためあてを選択し、それぞれのコースで学習を進める活動となります。コースはこれまでの学習を通しての達成状況から、4人グループコース・2人パドルコース・2人手こぎコース・1人パドルコース・1人手こぎコースとし、それぞれのコースの混み具合を見ながら、臨機応変に対応することにしました。

　不安が大きく4人組からのスタートしたグループも、他の友だちのパドルの使い方から学習し、パドルを推進力だけでなく、ペットボトルのパドルを浮力として使ってバランスをとることを学び、効果的なパドルの使い方に慣れてくると、4人から2人、1人へとパドルでバランスを取りながら、25メートルを転覆せずに渡りきることができるようになっていく様子が見られました。初めて一人で渡り切った児童は、「もう少し、もう少し、やったー！　できたー！」と、生まれて初めて自転車や逆上がりができた時のように、人生初のミニサバニ乗りができたことへの喜びを爆発させていました。きっとこのような体験をした児童は、生涯にわたって、「自分はミニサバニに乗れる」という自信と誇りを持ち、この地域への愛着を持ち続けることでしょう。

　技能的に習熟している児童はタイムに興味を持ち、友だちとスピードの競漕をする姿が見られるようになってきました。また、進み方だけでなく、乗り込み方も、プールサイドから友だちの支えなしで（一人で）の乗り込みや、海神祭の転覆ハーリー競漕で行われる転覆後の海中からの乗り込みのイメージで、プールサイドからではなく、水中から飛び乗る姿も見られました。水中からの飛び乗りは、バランス力に加えジャンプ力やプールの底から足がはなれた後、ミニサバニの底に着地するまでの腕支持力などの複合的な力が必要です。多くの挑戦者の中から、小柄で運動能力の高いたかひろさんが成功すると、まるで本物の海神祭の転覆ハーリーにおける転覆後の乗り込みが成功したときのように歓声が上がり、周りの児童から尊敬の眼差しを浴び、自尊感情の高まりを感じた瞬間でした。

　小プールでは、えみさんへの手立てとして、ミニサバニの両サイドに塩ビパイプで作成

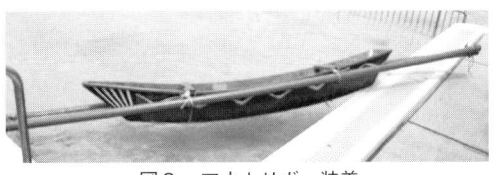

したアウトリガー（安定を増し転覆を防ぐために船の両サイドに固定したウキ）を設置したサバニ（図8）を準備し、乗り込みまではクリアできるよう支援を講じたものの、この時間も乗り込むことができませんでした。

図8　アウトリガー装着

【第4時】　ねらい　自分にあったコースで練習しよう

（活動内容）

・一人でミニサバニを操作し、ターンをしたり友だちと競漕をしたりする。

　単元が進み、習熟度が高まってくると、転覆への心配も少なくなり、多くの児童がライフジャケットを付けない状態で学習を主体的に楽しめるようになってきました。また、使用する手具については、タイムを意識することでバランス重視のパドルから、推進力の高い手こぎ板へ移行する児童の姿が見られるようになってきました。

　この時間は、ミニサバニを「自在に操作する」という課題にチャレンジできるように水中にペットボトルのブイ（図9）を浮かべターンの課題を追加しました。ターン時の漕ぎ方の工夫が必要となり、それぞれブイの周辺ではクルクルと回転したり、ぶつかったりとブイと格闘しながらチャレンジしていました。

ターン時のこぎ方の工夫としては、内側を弱くかいたり、板を固定してブレーキを掛けたり、反対にかくなどの動きが見られました。ここでも、他の友だちの良い動きをまねしながら思考・判断し、課題をクリアしていく児童の姿が見られ、言語活動による学び合いが自発的に起こり、学び合いの効果を感じました。

図9　ブイでターンする様子

　小プールでは、えみさんの水上の揺れる状態での乗り込みの恐怖心を和らげるため、揺れることのないプールサイド（陸上）で乗りこませ、乗った状態で舟をかかえあげ、プールに浮かべることを試みてみました。すると、不安の表情を見せながらも見事に水中に浮かぶことができ、不安げながらもそっと手を動かし移動を試みる様子が見られました。また数分後には、一度水上のミニサバニに乗れたことによる自信と安心感から、自ら水に浮かぶサバニに乗り込むことができるまでになり、自信と喜びでキラキラとした笑顔での活動となりました。

【第5時】　ねらい　二人でバランスをとりながら移動しよう
（活動内容）
　・二人乗りでミニサバニを操作し、ターンをしたり友だちと競漕をしたりする。

　単元の最終時、これまでの一人で乗っていたサバニに、二人乗りをするという取り組みを行いました。ここでは、他者との協同作業を行うことで生まれる学び合い活動と、それに伴う言語活動を育てることを目的としました。
　また、用いる手具として、これまでは両手で片側しかこげないため、操作の難易度が高いと判断し使わせていなかったミニエーク（櫂）の使用もスタートしました。
　新しい課題に子どもたちは、「できるのかな？」と不思議そうな表情を浮かべる子や、重量の増加による水没を心配する子、早くやりたいと目を輝かせる子などさまざまな反応を見せていました。
　多くのペアが今回から初めて使えるようになったエーク（図10）での活動を始める中、運動における技能・思考・判断力が高い男子ペアが、前の児童が手こぎ板、後ろの児童がバランスパドル、さらに、お互いが背中合わせで座るというスタイル（図11）で、チャレンジをはじめました。後に意図を聞くと、手具に関しては「前の手こぎで推進力を作り、後ろのパドルでバランスをとる工夫」という意図があり、背中合わせに座ったことに関しては、「後ろの児童の視界確保のため」という答えでしたが、二人の重心が中央に集まることで、より安定する効果も得られたと推察しました。

図10　エーク×2

図11　手こぎ＋パドルの組み合わせ

　他のペアもさまざまな手具の組み合わせや、乗る位置（二人の重心の位置によるバラン

ス）の工夫を試みていました。その中では、「後ろを重くすると前が上がって進みやすいから前後交代しよう」「後ろの人が前の人を見ながら漕ぐタイミングを合わせよう」等、本時の目的である言語活動もこれまでの一人乗りの時と比較し活発化していました。

図12　手こぎ板×2

授業終盤では、手こぎ板二人のペア（図12）が多く見られるようになりました。これまでの手こぎ板でスピードに乗って進む爽快感や、スピードに乗ることで安定が増す事等の体験からだと考えられます。

小プールでは、前時の手立てにより自信を持ったえみさんは、進んでアウトリガー付きで見た目も他のミニサバニより豪華になった自分たち専用のサバニを準備し、だいきさんとともに自分たちなりの活動を意欲的に取り組んでいました（図13）。

図13　小プールの活動

授業の終了時、単元の終了を告げると子ども達から口々に「えーっ、もっとやりたい」「後一時間だけ」と終了を惜しむ声があがり、単元最終時においても関心意欲の高まりを維持していることが確められました。

4．成果と課題

単元のスタートからすべての児童が終始楽しそうに意欲的に取り組む姿が続きました。やはり、「ミニサバニ乗り」の魅力による、学習意欲の高まりはねらい通りでした。

また、ミニサバニの持つ特性と、場の設定の工夫により、すべての児童が自分の技能の習得状況に応じた課題を持ち活動を進めることができました。

さらに、地域の子どもの遊び文化「ミニサバニ乗り」の活動を通して、「ミニサバニやサバニ」をより身近に感じさせることができたことも地域学習を取り入れたねらいとしては大きな成果となりました。

課題としては、系統的・組織的に継続指導するための、発達段階に応じ、学習指導要領の指導事項にも対応する6カ年の年間指導計画の作成と、劣化が進行しやすいミニサバニの定期的なメンテナンスが考えられます。

おわりに

　本研究を通して体育科における地域学習（ふるさと学習）の可能性を大きく感じることができました。体育の特色でもある「体験的な学び」を地域学習（ふるさと学習）と結びつけ、「地域教材で楽しい体育」「体験的な地域学習」という視点から教材化の研究を進めていきたいと思います。

（小林弘樹）

海のすばらしさを誇りに、つながりの中で学ぶ楽しさを感じる

説明文「うみのかくれんぼ」の学び ☆1年・国語

はじめに

　八島っ子は海が大好きです。1年生の子どもたちも、自分たちの学校の周りにある海に興味を持ち、大切に受けとめています。子どもたちの自尊感情に働きかける存在としての「海」をテーマとし、教科書教材の中でも特別に取り扱いたいと考えていたところ、1年生国語の説明文教材「うみのかくれんぼ」（光村図書・1年上）と出会いました。

　海の中で生物が生きていくために、擬態をしたり共生したりする様子が書かれた説明文です。生き物が大好き、海が大好きな子どもたちの心を十分に引きつけるだろうと考えました。げんやさんは、父親が定期船の操縦士をしていて、自分も将来そうなりたいという夢をもっています。海の話をしだすと止まらないげんやさんにとって学校の勉強は少し苦手であり、なかなか身が入らないものでした。大好きな海の単元を通して学ぶ楽しさや有用性を感じてほしいと願っています。また、自分たちの地域に誇りを持ち、自信を持って進んでほしいと願っています。

1．単元の全体像

　最初に、単元の全体像を紹介します。

導入　人とのかかわりの中で海の生き物の豊かさに触れる

　5年生との交流学習を計画しました。5年生は、国語の説明文教材「生き物は円柱形」を通して科学者らしいものの見方や論の進め方を学び、自分たちで海の生き物に関する説明文を書き、挿絵もつけて絵本を作成していました（【実践9】参照）。その作品を紹介する場を設けることにしたのです。1年生にとっては、いろいろな海の生物についての知識を得るとともに、堂々と発表する上級生への親しみやあこがれをもつことでしょう。一方5年生にとっては、1年生が対象ということで相手意識をもった発表の仕方を考えることとなり、自分たちの学習を見直すよい機会となると考えました。この双方向の学びは八島の学び合い文化の核となるものだととらえています。

　つぎに、地域の人材を活用して「海」についての学びを深めたいと考えました。保護者の中にダイバーでもあり写真家としても活躍している川島実さんがいらっしゃいました。先に述べた5年生の学習にもかかわってくださった方です。教材の内容を説明すると、それに準じたたくさんの写真や動画などの資料を準備し、かつエピソードを添えながらスラ

イドを使って講話をしてくださいました。その中で、なぜ生き物がかくれんぼをするのかを1年生にわかりやすい言葉で問いかけ、「生きるためにかくれんぼするんだね」と締めくくっていました。子どもたちは終始食い入るように身を乗り出し、歓声をあげたりつぶやいたりしながら海の中の世界に浸っていました。

「うみのかくれんぼ」の読み

　海について十分興味関心を引きつけられた子どもたちは、教材文の内容をすんなりと理解していきました。写真を見ながら、これまで見てきた他の生き物と比較したり分類したりするなどの様子も見られました。説明文の構造を学び、図鑑や川島さんにいただいた資料をもとにしながら自分の選んだ生き物について説明文を書き、挿絵も添えてカードを完成させました。一人一枚のカード作成の際にもペアで相談しながら行うなどかかわりあいを大切にし、ペアで交流しながら学びを進めていくようにしました。また、折にふれて書く活動を取り入れ、抵抗なく書くよう進めていきました。

最終の言語活動

　最後には自分たちの作成した「うみのかくれんぼカード」を5年生・6年生に紹介するという言語活動をおこないました。

学びの広がり

　2月の「学びの成果発表会」で、自分たちが調べた生き物について発表しました。学習したことを振り返りながら、生き物の動きを考えたり、衣装を工夫したりして学びが広がっていくとともに、伝える喜びを味わうことができました。

2．子どもの学びの姿

　5年生との交流の際には、お兄さん、お姉さんの発表を熱心に聞く姿が見られました。川島さんの講話では、身を乗り出すように聞き、歓声が上がるなどの様子が見られました。

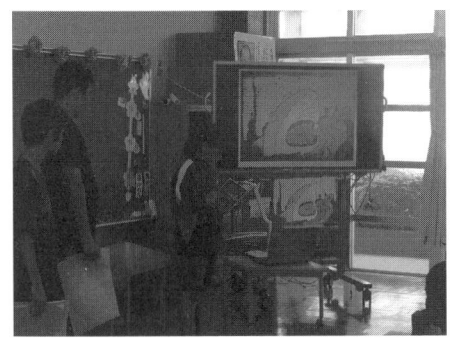

図1　5年生の発表の様子　　　　　図2　熱心に聞き入る1年生

図3　川島さんによる講話

図4　川島さん作成のスライド資料

　川島さんによる授業の後、川島さんへお手紙を書きました。授業の内容に関することだけでなく、石垣島の海の豊かさについて、海へのあこがれの気持ちなど、実に多様な表現がみられました。海の話をしだすと止まらないげんやさんは、川島さんの仕事に対してあこがれの気持ちを表現してくれました。

図5　興味津々の子どもたち

★海の中にかくれる生きものがこんなにいっぱいいるとは思いませんでした。
　　かわしまさんがおしえてくれたおかげでかくれる生きものがいっぱいいるとわかりました。わたしはいちばん、貝がせんをひいてあるいてそのせんが止まったところをほってみると貝が出てくるんだってしりました。

★じぶんたちではみつけきれない生きものを見せてくれたり、名まえをおしえてくれたり、たのしいクイズを出してくれたり、べんきょうのためにいろいろおしえてくれてありがとうございました。うみの中はたくさんのさかながかくれんぼしているのがよーくわかりました。わたしがこころにのこったのはかみそりうおです。ゆらゆらしているのがおもしろかったです。

★とってもすごいです。「石がきじまのうみってこんなふうなんだ。」とおもいました。石がきじまってすごいです。なんねんせいかになったらいってみたいです。

★ぼくもそのしごとをやりたいです。ぼくもあんなのはじめて見たよ。海の中ってひろいんだね。ぼくもおおきくなったらうみにもぐりたいです。

　ペアで協力しながら「うみのかくれんぼカード」を作成しました。

図6　話し合いながら書くことを決める

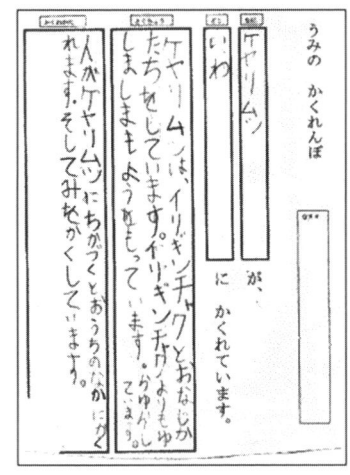

図7　書き込みワークシート

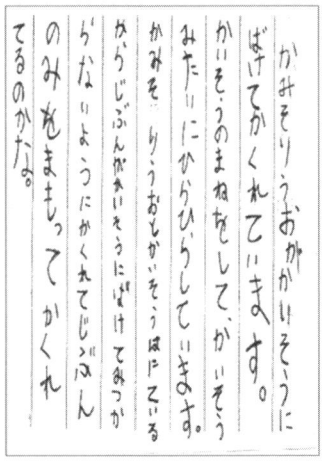

図8　うみのかくれんぼカード（左：表　右：裏）

自分たちで作成したかくれんぼカードを、5年生・6年生に紹介しました。

図9　嬉しそうに発表する子どもたち

　上級生の前で発表する子どもたちは少し緊張しながらもとても嬉しそうな様子でした。上級生からは「上手だった」「1年生でここまで書けるなんてすごい」とほめられ、大喜びでした。

「学びの成果発表会」で海のかくれんぼの発表をしました。自分たちでまとめた生きものがかくれんぼする様子について、動きをつけながら群読で表現しました。衣装や小道具なども自分たちで工夫しながら作り上げていきました。

図10　「学びの成果発表会」で海のかくれんぼの群読

おわりに

　子どもたちは、教科書に載っているような生き物が身近にある海の中に実際にいて、これほどに豊かな生命の営みがあるということに驚き、そして感動していました。本単元のデザインとして、（1）地域に根ざした学びを創造する、（2）異学年交流を行う、を位置づけました。また、友だちと協力しながら作り上げていく活動にも重点をおきました。さまざまなつながりを通して、互いの知識や思いを交流し合い、豊かな学びが広がっていくことを願ったのです。

　その中で子どもたちは“本物”と出会い、心が耕され、学ぶ喜びにあふれていきました。積極的に活動し、多様で豊かな表現につながっていきました。学習内容だけではなく、人とのかかわりを楽しみながら学んでいく姿が見られました。人や自然とつながり合うことで自分たちの住んでいる地域に誇りを持ち、自信を持つことの大切さを感じた実践となりました。

（徳嶺恵子）

【実践 9】

科学絵本「八島の海の生きものがたり」をつくろう
説明文「生き物は円柱形」から絵本づくりへ ☆ 5 年・国語と総合

はじめに

　八島小学校は、全教室からオーシャンビューが楽しめる学校で、すぐとなりには漁港があり、それに伴う漁協施設も徒歩 5 分圏内にあります。実際に海に出かけての生き物学習や漁協周辺施設見学、また、海にかかわる仕事をしている方のお話など、海の学習に活かせるものが数多くあります。説明文「生き物は円柱形」（本川達雄）（光村図書・5 年）では、観察⇒推論して仮説を立てる⇒実験して確かめるなどの科学者らしい姿勢で生き物の形の不思議について説明されています。元琉球大学理学部の教授で生物学者である本川達雄さんの「生物は豊かであるからこそおもしろい」という考えは、八島小学校の子どもたちにとっての海の生き物学習に通ずると感じました。自分たちが行った海の生き物学習を発信するために、説明文の読みの学習を活かす＝説明文を発信する力へつなげる、そんなめあてを持ってこの単元を進めました。『いきものがたり──生物多様性 11 の話』（ダイヤモンド社、2002 年）を導入で紹介し、『八島の海の生きものがたり』をつくることをゴールにめざしました。

1．単元の全体像

　単元の全体像を紹介します。「総合的な学習の時間」における海の生き物学習と関連させて学びを作っています。

総合的な学習の時間　海での体験学習

　学校近くの海岸は、干潮になると、イノー（礁池）と呼ばれる水たまりが現れます。そこは、格好の生き物の観察の場。様々な種類の海の生き物と出会うことができます。ナマコやヒトデ、種類で体の形が全然違うカニ、そして、風船のような海藻のオオバロニア。海の生き物には、それぞれおもしろい特徴があるんだということに気づきました。

　宿泊学習の機会を利用し、ラムサール条約にも登録されているマングローブ林が広がる名蔵アンパル（干潟）にもでかけました。そこでも、多くの海の生き物と出会いました。片手だけやけに大きいシオマネキ。まんまるの体のミナミコメツキガニ。同じカニでもこんなに違う、生き物のおもしろさをこのアンパルでも感じることができました。調べた生き物を一人一枚イラストに書いて、クラス全員でアンパル生き物マップを作成し、教室に掲示します。八島っ子は、五感を働かせて学び、表現していきます。

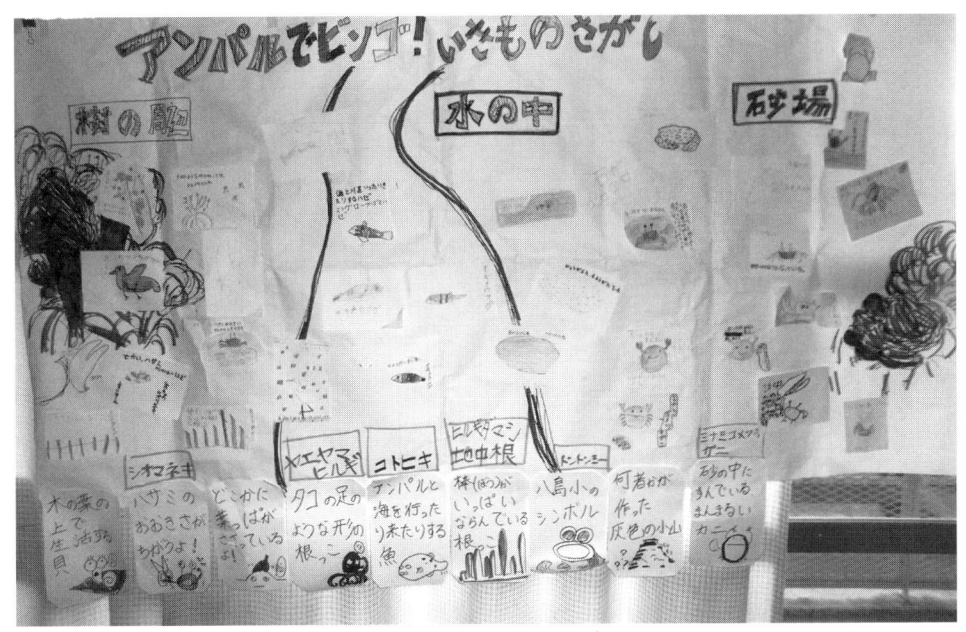

図1　アンパル生きものマップの掲示

　体験活動と合わせて、多くの専門的な話を聞く機会もありました。ウミガメ研究のサークルで過ごしていたという琉球大学のお兄さん。ウミガメの種類は口で見分けられるというお話をしてくれました。そこには食べ物のちがいがあり、生き物のおもしろい部分には、理由があるということを知りました。その他にも、子どもたちにサンゴの大切さを伝えている団体「わくわくサンゴ石垣島」の方、ダイビングのインストラクターをしている保護者の方などから、海の生き物のおもしろさを伝えてもらいました。

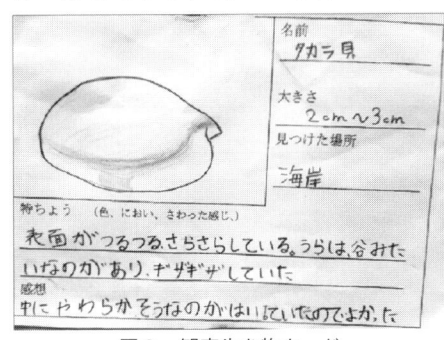

図2　観察生き物カード

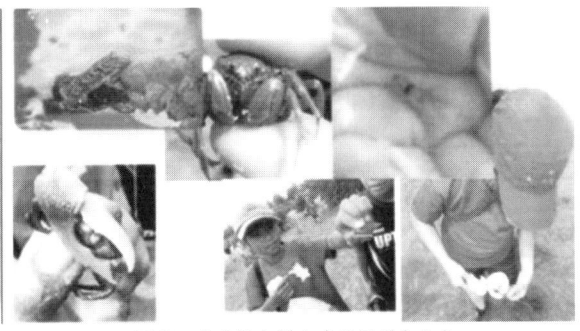

図3　生き物と触れ合う子どもたち

導入

　事前教材の「見立てる」をもとに、説明文の構成をとらえました。はじめ・なか・おわりの構成の中に、事例の段落の役割について学びました。

　そして、科学者の姿勢をより実感できるように、書き手である本川達雄さんについて考える「本川達雄新聞」を作成して筆者研究を行いました。他の著書を読むことで、筆者のひととなりが見えてきます。本川達雄さんは、生物学者として、難しい図鑑を書いていたり、生き物のおもしろさを伝えるために、絵本や歌の歌詞という形で表現していたりして

います。本川達雄さんの魅力に興味関心を持った子どもたちは、その筆者が書く説明文に夢中になりました。

説明文「生き物は円柱形」の読み取り（キーワードの分類：マッピングを通して）

　説明文の学習で「生き物は円柱形」の教材文と出会いました。この教材は、要約文を書く教材として位置づけられることも多く、文の構成もとりやすい大変わかりやすい説明文になっています。問いの段落に対して、仮説を立てる段落、実験をして実証する段落があり、文章の構成からも筆者である本川達雄さんの科学者らしい姿勢や、論理的な論の進め方も読み取ることができます。

　筆者の思いを読み取るために、キーワードを書き出し、マッピングでまとめました。書き出したキーワードを分類する、そして関係づけることで、思考を整理することに挑戦しました。本文のなかで、大切だと思う言葉を書き出しまとめます。「科学者の姿勢がわかる言葉」「筆者の思いのこもっている言葉」などを書き出しました。最初は、分類だけで終わっていたマッピングも、グループで相談をしながら関係づける矢印も書けるようになってきました。

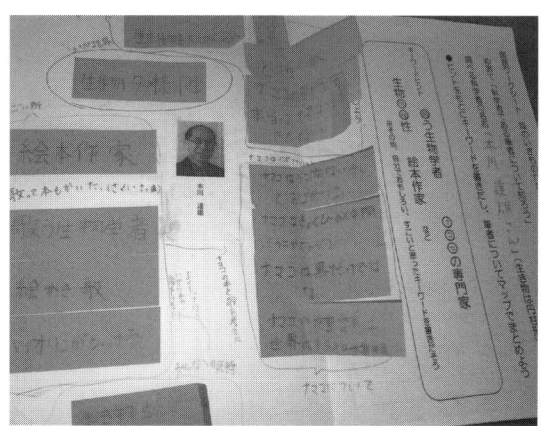

図4　本川達雄さんについてのキーワード

図5　説明文のキーワードを夢中で書き出す子どもたち

図6　キーワードを発表し合い、マッピングする
　　　子どもたち

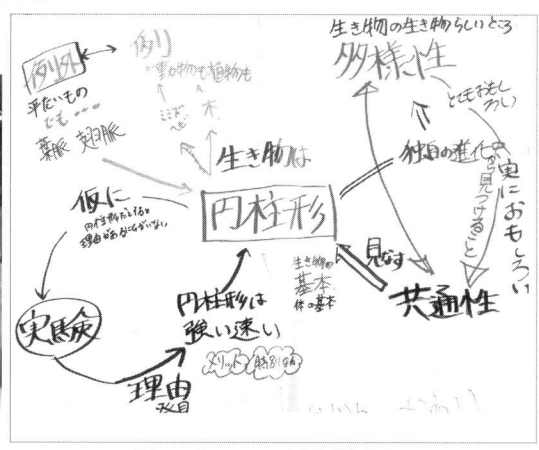

図7　キーワードを関係づける

　本川達雄さんの科学者らしい姿勢や生物多様性への思いを読み取った子どもたち、また、絵本や歌で生き物のおもしろさを伝えようとする姿勢にも共感した子どもたちは、自分たちが行っている海の生き物学習を、説明文にまとめるめあてを持ちました。

説明文絵本「海のいきものがたり」の作成

　自分が調べた海の生き物のなかから、おもしろい体の特徴や生態を持った生き物を選び、自分なりに説明文を書いていきます。段落ごとに整理して説明文を構成し、科学者らしい言葉を使い、また筆者の思いに共感した言葉が使われています。

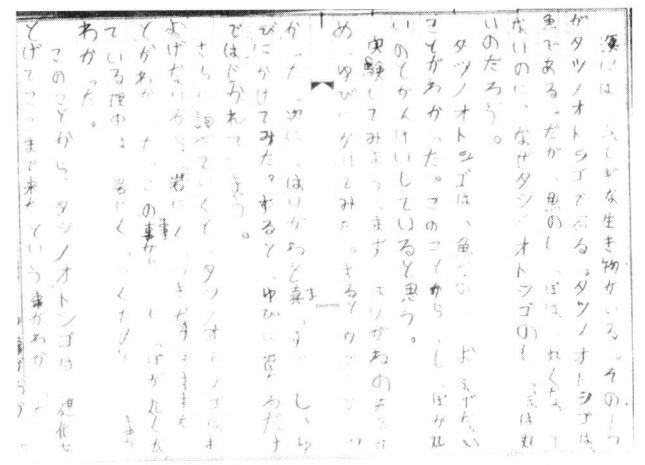

図8　タツノオトシゴのおもしろさを伝える説明文

〈問いの文〉

★タツノオトシゴは魚である。だが、魚のしっぽは丸くなってないのに、なぜタツノオトシゴのしっぽは丸いのだろう。

〈仮説の段落〉

★タツノオトシゴは、魚なのに、泳げないことがわかった。このことから、しっぽが丸いのとかんけいしていると思う。

〈実験の段落〉

★実験してみよう。まず、はりがねの先を丸め、指にかけてみた。すると、指にひっかかった。次に、はりがねをまっすぐにし、指にかけてみた。指にあたってはじかれてしまう。

〈答えの文〉

★このことから、しっぽが丸くなっている理由は、岩にくっつくためということがわかった。

〈説明文のまとめの文・本川達雄さんの思いに共感した表現〉

★このことから、タツノオトシゴは、進化をとげてここまで来たということがわかった。

★ウミガメは、食べるものによって口の形がちがう。それぞれが、長い進化の時間をかけて、自分に合った形をかくとくしてきたのだ。

　この説明文を大学生に読んでもらい、コメントを書いてもらうことを通して交流しました。子どもたちにとって、文章改善の参考になるだけでなく、自分の表現に自信を持つことにつながりました。

いよいよ絵本づくりへ

　筆者である本川達雄さんに感化されている子どもたちは、そこから発展させた絵本づくりにも意欲的です。自分たちの調べたことをより多くの人たちに知ってもらうために、わかりやすく挿絵をつけ、絵本の形で仕上げました。みんなの説明文と挿絵を一つの作品集としてまとめる際には、表紙も工夫して書き、まえがきとあとがきを書き加えるなど、よりよい作品にしようと最後まで意欲的に取り組むことができました。

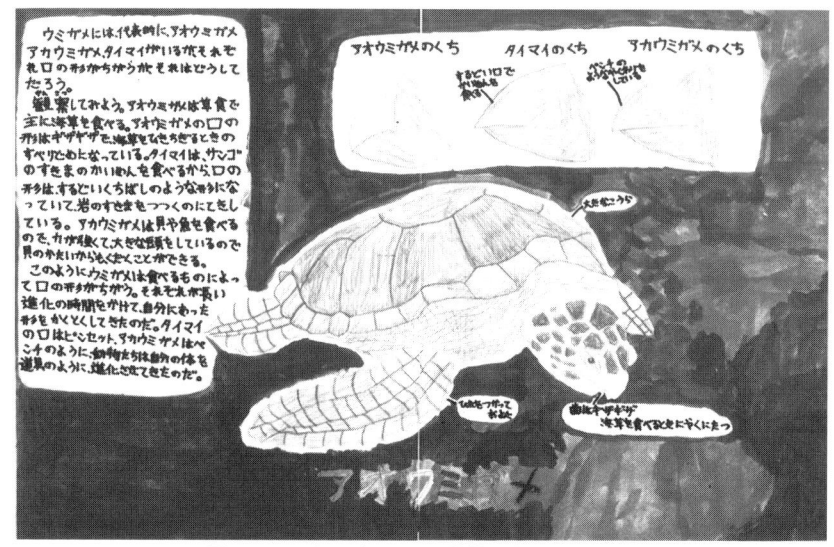

図9　アオウミガメの口の特徴を表現した絵本

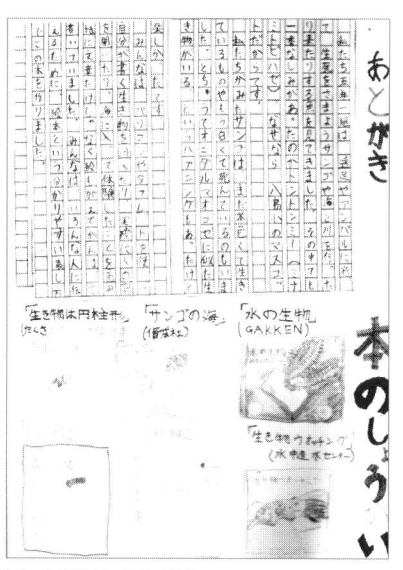

図10　絵本「海のいきものがたり」の表紙とあとがき

作品を伝える

　絵本として書いた説明文を伝える発表の場にも恵まれ、幼稚園への読み聞かせや 1 年生への読み聞かせ、そして夏休みの子ども自由研究の場、さらにシンポジウム「沖縄に国立自然史博物館を！」（2017 年 7 月 17 日、石垣市にて）でも発表しています。

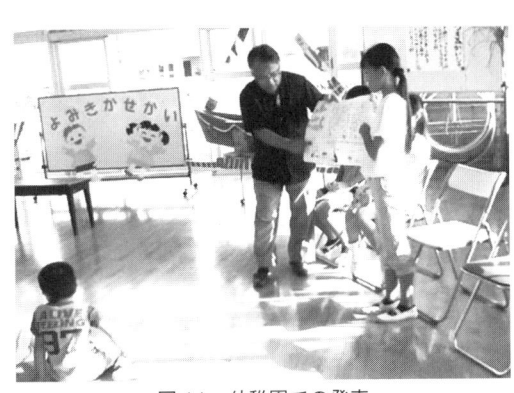

図 11　幼稚園での発表　　　　　　　　　　　図 12　1 年生に向けての発表

2. 子どもの学びの姿

しょうまさん

　サッカーが大好きな男の子で、算数も国語も学習を苦手だと感じています。授業中も自信がない様子が見られ、あまり発言ができなかったり、考えをノートに書くことができなかったりします。しょうまさんの書いた絵本は、挿絵は薄い色合いになっており、自信がない部分もありますが、大学生との交流でアドバイスをもらったウミガメの口のちがいについて自信を持って表現しています。国語の授業の作文をなかなか完成させることのできないゆうきさんも、この「海のいきものがたり」は自分なりに仕上げることができました。

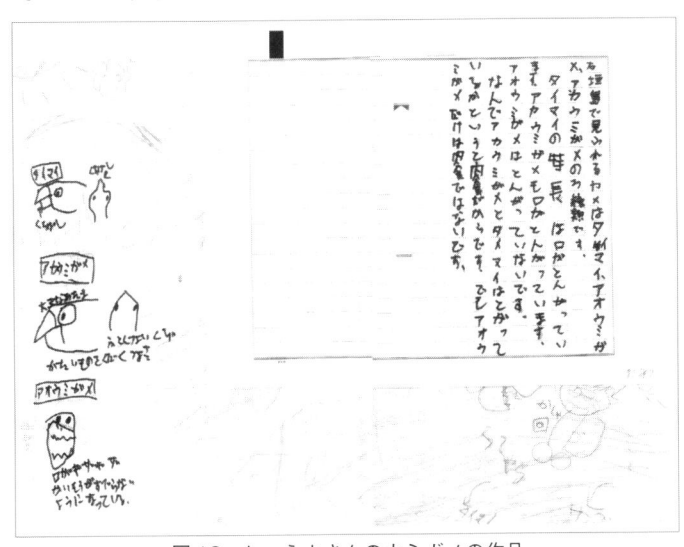

図 13　しょうまさんのウミガメの作品

たかしさん

　極端に読み書きが苦手なたかしさん。普段の国語の学習では、学年の漢字を読むにはフリガナが必要で、初見の文はすぐに読むことができずに、追い読みをしながら音で文章に慣れていきます。しかし、とても手先が器用で、絵や工作が得意です。運動能力も高く、ていねいで美しい字を書くことができます。そんなたかしさんは、自分で文章を書くことが難しいなか、絵本を書くということに意欲を見せました。タコを、まず得意な絵で書き、そこに調べたことを書きました。説明文は、同じグループの子の書いた説明文をまねすることで書き上げました。

図14　たかしさんのタコの作品

　★たこはなぜ色をかえたり、すみをだしたりするのだろうか。ふしぎになった。それで、調べてみた。それは、てきから身を守るためだった。それから、あと一つぎもんになったのが、こうらがないからすみをだして、てきをこうげきするけど、こうらがあったらとぎもんになった。予想はすみをださないでこうらでみをまもるだろう。

　たかしさんの説明文にも問いと答えの文があり、生き物から感じた疑問を整理して、調べたことをもとに説明文を書くことができました。

さなえさん

　とても友だち思いで優しいさなえさん。算数が苦手なため、学習全般に自信がない女の子。しかし、感受性があり、登場人物に共感しながら物語を読むことができます。この海の生きものがたりに、一番粘り強く取り組みました。

　★石垣島には、三種類のウミガメがいます。この三種類のウミガメは、食べ物やすみかもいっしょなのか、きになりました。

　★もし、エサや、すみかが同じだったら、エサやすみかのうばい合いになり、ケンカにかったウミガメが一人じめできて、ケンカに負けたウミガメは、エサやすみかがなくなります。

　★ケンカをしないように、エサやすみかが、同じにならないように、種類によって、エサやすみかが同じじゃない。

図15 丁寧に仕上げたさなえさんのウミガメの作品

　授業時間以外でも、自分の時間を使って丁寧に仕上げました。説明文のなかにあるウミガメの口の形のちがいについて、食べ物のちがいで終えるのではなく、「ぶつかってケンカをするよ」というカメのせりふとともに、生き物のすみ分けに着目して説明することができています。八島っ子らしい着眼点です。本川達雄さんの生き物が多様だからおもしろいという考えに共感し、生き物のおもしろさの本質を自分なりに表現しています。さなえさんは、5年生の1年間で学習の力がつき、その後算数の成績も良くなりました。

おわりに

　海の生き物学習と関連づけることで、子どもたちが体験と重ねながら説明文を読み取り、そして説明文を書いて科学絵本をみんなで作るという活動にまで発展することができました。自分の拠り所となる地域に根ざした生き物をテーマに挙げたことで自尊感情を育み、表現力の源となりました。

　また、筆者研究で筆者の魅力を感じた子どもたちにとって、説明文「生き物は円柱形」に書かれている言葉のひとつひとつが、生きた言葉として読み取ることができました。だからこそ、生物多様性のおもしろさ、生き物に対する疑問に取り組む姿勢を、実感できたのだと思います。自分たちで調べたことを発信していこうという主体性も生まれ、説明文の学習が絵本作成に発展しました。

（嵩原　要）

海人文化の誇りを賭けて読む物語教材「海の命」

学び合いにより「海の命」の意味に迫る ☆6年・国語

はじめに

「ハーリークイ！」──今では八島小学校の例年行事になっているハーリー体験学習。本校の５・６年生の子たちは本行事を楽しみにしています。子どもたちは自分たちの学校の周りにある海に興味を持ち、海人文化を大切にしています。そんな中子どもたちが意欲的・体験的に自尊感情に働きかける授業ができないかと考えていたところ、６年生の国語教材「海の命」（立松和平）（光村図書・6年）と出会いました。

もぐり漁に命を賭け、村で最後のもぐり漁師として、短い漁師としての命を生きた父を持つ主人公「太一」が、父を殺した瀬の主「クエ」と対峙する物語です。父亡き後、飼い付け漁師として生きる与吉じいさや母とのかかわりの中で、太一少年は成長していきます。「海の命」、そして漁という生業に対する思いや生きざまについて、叙述から読み取り、交流することができる物語です。

本学級には、主人公と似た境遇のしょうたさんがいます。祖父の代からもぐり漁師であり、海人の環境に育ったしょうたさんは、魚や漁の話になると身を乗り出し、ほんとうに海が大好きということが伝わってきます。そんなしょうたさんでしたが、学校での学習についてはあまりおもしろさを感じることができず、意欲的に取り組めませんでした。そこで担任として、しょうたさんに、卒業する前に「学ぶ楽しさを実感してほしい！」と願い、しょうたさんを中心とした学びができないだろうかと模索していました。そんなときに、本単元に出会ったのです。

海が大好きなしょうたさんが生き生きと活躍する学習を行えば、周りの子どもたちもさらに意欲的・体験的に学習に取り組むでしょう。そこで事前にしょうたさんといっしょに祖父に会いに行き、本教材をいっしょに読み、"本物の海人"の声を聞くことができました（133頁の3をご覧ください）。

しょうたさんはどこか誇らしげに、自分も将来、「じいちゃんのような海人になりたい！」と口にします。海の話をしだすと止まらないしょうたさんにとってこの学びが、「学ぶ楽しさ」や有用性を実感できるものになってほしい、そして幼少から育った地域に誇りを持ち、またその伝統が尊いものだということを感じることを通して、これからの人生を自信を持って生きてほしい、そう願ってこの単元と取り組みました。

1．単元の展開と学びの姿

導入 題名読み 「海の命」の題名から想像する

　本文を読む前に、「海の命」の題名から内容を想像することから始めました。子どもたちからは、身近に海のある環境の八島っ子らしいさまざまな予想が出てきました。付箋紙を使って、気軽に自分の思いを書くことによって、想像力を広げ、物語を読むことへの意欲につながります。その後、出てきた意見を分類し交流する活動から、学習計画を立てました。子どもたちが、題名から物語へと引き込まれる瞬間を感じることができました。同時にしょうたさんの、本文を早く読みたい、何か言いたいという姿を感じることができました。

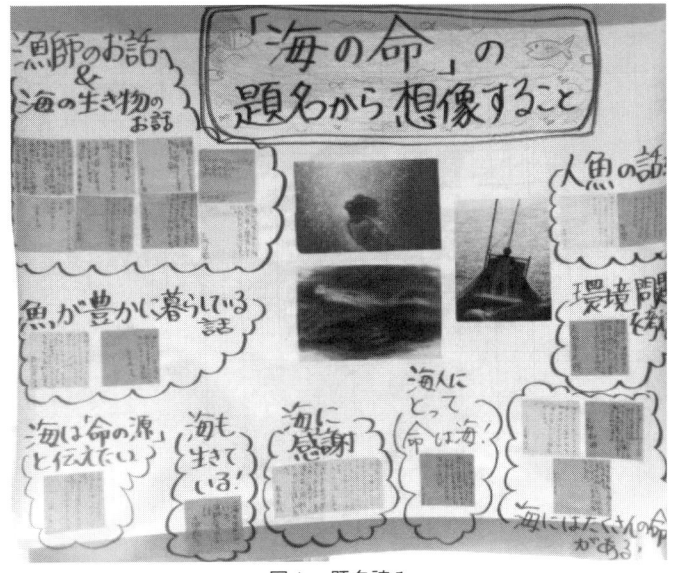

図1　題名読み

「海の命」をイメージ豊かに読む

【クエ＝「瀬の主」像をふくらませる＝視覚化】

　題名読みの交流から、物語について十分興味関心を引きつけられた子どもたちは、教材文を食い入るように見て、通読しました。次にしょうたさんに事前に体長2メートルのクエの絵を模造紙に書いてもらい、クエの生態を実際に説明してもらいました。

図2　魚図鑑で確かめる

図3　叙述からイメージをふくらませる

図4　しょうたさんの書いたクエ　　　　　　　図5　発表の様子

　周りの児童から「上手〜！」「こんなに大きいの〜？」という反応があり、しょうたさんの堂々とした姿を見ることができました。

【登場人物像をふくらませる①　役割読み：登場人物に"なって"読む＝身体化】

　登場人物（特に父・母・与吉じいさ）の言動・叙述から、児童がより深く物語の世界に入り込めるように、毎回、授業の初めに「役割読み」をしました。しょうたさんはとっくに国語教科書をなくしてしまっていたのですが、担任から教科書を借り、自分でルビを打ち、太一役として、一生懸命音読しました。

図6　役割読みの様子　　　　　　　　図7　仲間分けの様子

【登場人物像をふくらませる②　KJ法の活用による交流の深化】

　その後、それぞれどのような人物像であるか、自分の考えを付箋に起こし、仲間分けをし、交流することで、自分の考えの変化と深化を図ることができました。叙述から登場人物の人物像を読み取り、付箋に書き、読み取り、ペアで相談しながら交流していきました。

　かかわりあいを大切にし、グループで交流しながら、全体の学びを深めていき

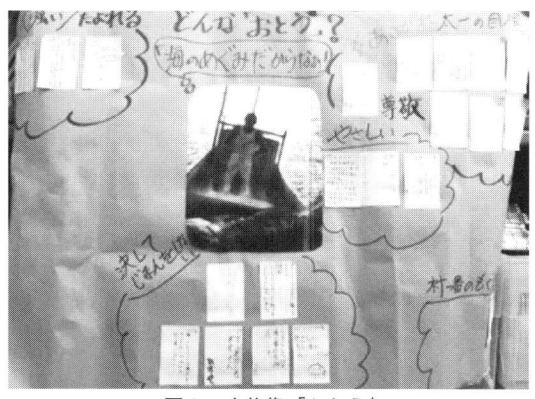

図8　人物像「おとう」

128

ました。仲間分けをすることで、より他者の意見について考えるようになり、自分の意見を深めるようになりました。書く活動に力を入れ、自分の感じたことや思いを抵抗なく書けるように、効果的にワークシートも活用しました。

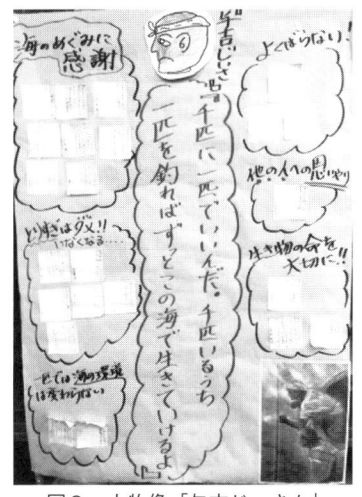

図9　人物像「与吉じいさん」

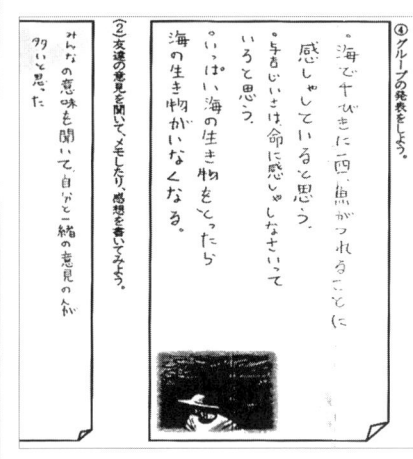

図10　ワークシート①

【山場の登場人物像をふくらませる③　KJ法の活用による交流の深化】

物語の山場の場面の課題、〈なぜ、お父を殺したクエ＝「瀬の主」に向かって、太一は「おとう」（お父）と呼びかけたのか〉について、みんなで話し合いました。自分の思ったことと友だちの感じたことを交流することを通し、学びが深まり、活発な意見が出るようになりました。

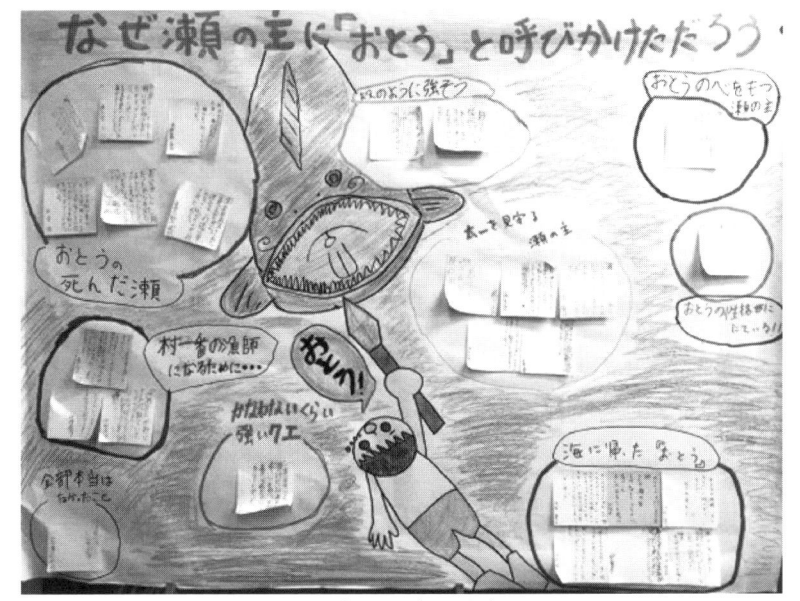

図11　なぜ、「おとう」と呼びかけたのか

「父のように強そう」
　・最強のイメージがお父さんに似ていたから
「おとうの死んだ瀬」

129

　　・おとうが死んだ場所

　　・おとうを倒した瀬の主がいたから

「かなわないと思ったから」

　　・本当の一人前の漁師になれなくてもいいとあきらめた

「海に帰ったおとう」

　　・おとうの生まれ変わりと思った

　　・「海に帰りましたか」の言葉からおとうは海にいる

「おとうの心を持つ瀬の主」

「太一を見守る瀬の主」

図12　交流の様子（グループ・ペア）

図13　物語の山場での児童の多様な意見

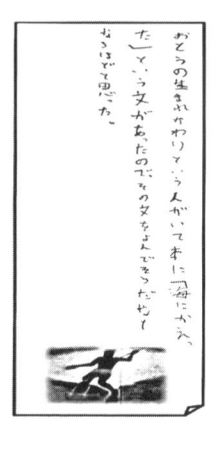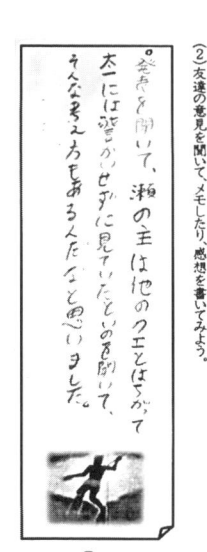

図14　ワークシート②

> ☆父は「瀬の主」と戦って死んだのではない。父は「瀬の主」を「海の命」だと感じたから、殺さなかった。それを太一も「瀬の主」に会って感じ殺さなかった。
>
> （こうたさん）

　父が亡くなった場所→父と重なるイメージ（強さ）→自分の力ではかなわない（父への畏れ）→「父の心」を持ち、「太一を見守る存在」、というふうに、具象的な事柄の読み取り（父が死んだ場所）の次元から、しだいにそこにこめられた象徴的な意味合い（父の心、見守る瀬の主）の次元まで深まっています。

　さらにはこうたさん（図14）のように、父は「瀬の主」と戦って死んだのではなく、「瀬の主」に「海の命」を感じたから殺さなかったのであり、もぐり漁師の父が最期に行き着いた境地に太一も達したからこそ殺さなかったのだと、題名「海の命」にまで迫る深い読みも生まれました。

　仲間との意見交流をイラストも交えて視覚化し、学びの足あととして残すことに、子どもたちは大喜びでした。自分の考えが活かされている、大切にされている、そして自分と友だちの意見によって学びが深まるのだということを、視覚的にも実感できたのです。

　最初は、教師が仲間分けをしていましたが、その内、自分たちで楽しく仲間分けできるようになりました。「意見を分類する」ということで思考力が育つとともに、読みも全体で深まっていきます。

[最終の表現]　主人公のその後の物語を考える

　「海の命」から感じたことや自分が考えた主人公の強い思い、生き方の考えを生かし、本文にはない、その後の物語づくりを行いました（後日譚）。そして、主人公「太一」が父と同じ年頃になって息子に何を伝えたかを、子どもたちなりの言葉で表現し、交流しました。

　まおさんは、太一が成長して自分の息子に、少年時代のクエ＝瀬の主との遭遇について語り聞かせるという設定で書きました。

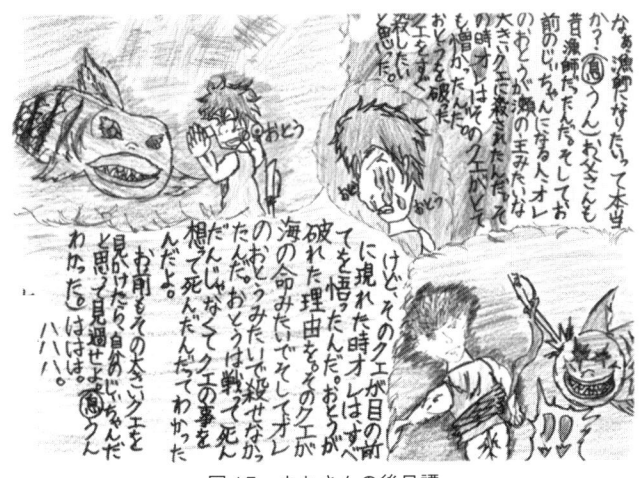

（前略）けど、そのクエが目の前に現れた時、オレは、すべてを悟ったんだ。おとうが、やぶれた理由を。そのクエが海の命みたいで、そしてオレのおとうみたいで殺せなかったんだ。おとうは戦って死んだんじゃなくて、クエの事を想って死んだんだってわかったんだよ。

図15　まおさんの後日譚

　仲間との学び合い＝読み深めを、自分として受けとめ、考えながら書いていることが伝わります。

　「海の命」の先行実践では、「海の命」＝自然の恵みとして、与吉じいさの「千びきに一ぴきでいいんだ」という言葉と結びつけ、自然保護的な意味合いで読んでいるものも見られます。しかしこうした読みでは、父も対峙したクエ＝「瀬の主」との緊迫感あふれる対峙の意味＝漁師としての生きざまを賭けた意味が十分見えてきません。八島っ子の読みは、命を賭けて漁に挑む漁師が、血気盛んな少年時代に「自然と闘わない」＝自然への畏れに気づく、そのかけがえのない瞬間の意味をとらえていることが伝わります。海人文化を身近に感ずる地域であるがゆえの「深い読み」が生まれました。

しょうたさんは、どのような後日譚を創作したでしょう。

授業前にしょうたさんは、おじいちゃんと「海の命」をいっしょに読んで、海人の生の声に学びました。その際に、尊敬するおじいちゃんが言った、たくさん獲っても「自慢なんかはしない」という言葉を用いて書きました。

冒頭の「おとも海でしぬかもしれん」という言葉の背景には、おじいちゃんの海人仲間が海で行方不明になるという出来事がありました。生死を分かつ海の厳しさと畏れに向き合いながら綴られた後日譚です。

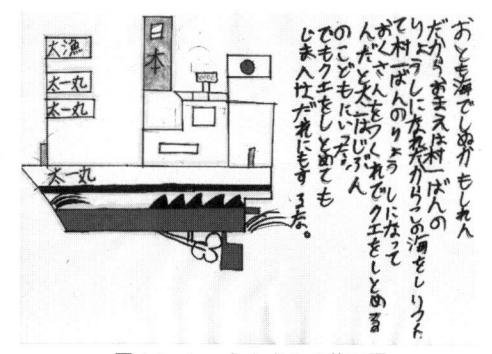

図16　しょうたさんの後日譚

学びの広がり　交流・認め合いから自尊感情が高まる

他者と学び合うことの楽しさが、他の教科学習にも見られるようになりました。また、友だちと交流することで認め合い「自分の意見が変わることは悪くないし、変わらなくてもいい」という自己肯定感を高めることができました。「できる子」の意見を見て自分の意見を消しゴムで消していた子どもたちの姿を思うとき、実に大きな変容でした。

2.「海の学習館」へ

海の学習を深める八島っ子において、「海の命」はなじみ深く、身近な教材です。6年生後半に位置づけられていることから、小学校最後の物語文の学習として、登場人物を通して心情や生き方を深く学べる教材でした。何よりも、身近な海人の誇りを感じながら読み深めることができ、八島っ子の自尊感情を高め、海人文化で育ったしょうたさんをはじめとする子どもたちにとって、体験的・意欲的に学ぶことができました。

他者の意見や考え方を吸収し、内心の思いをゆさぶりながら読み進めることによって、学びの深化を図ることもできました。しょうたさんに限らず学級の子どもたちが創造的に他者の意見や本文を読み進めた結果が、「また読み返してみたい！」「楽しい！」「先生、今日は何するの？」という反応につながったのだと思います。

八島っ子の学びの豊かさを実感した実践となりました。

その後、これらの学習の深まりとして校内に「海の学習館」を設置することとなりました。学んだことをまとめた学習

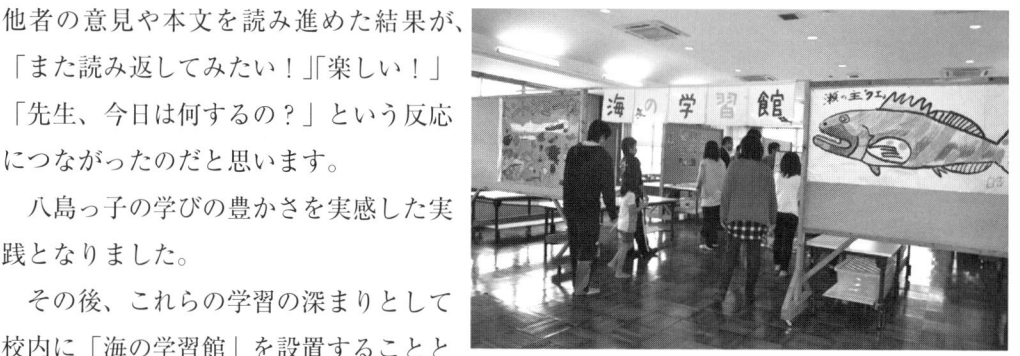

図17　しょうたさんのクエの絵をエントランスに飾った「海の学習館」

材（作品や資料）を展示し、これまでの「海をめぐる学び」を他学年へ、そして家庭や地域に公開し、「海の学習の拠点」にしようという構想です（第2章第1節参照）。

　さらに地域の海人関係者へ協力をもとめ、昔ながらの漁具類を提供していただき、展示を行っています。身近にある「海」に関心を高め、学習材としてさらに深められるような施設にしていきたいという願いがこめられているのです。

3.「海の命」をめぐるもう一つの物語
──じいちゃんといっしょに読み合う、絵本「海のいのち」

　最後に、しょうたさんの祖父大嶺武弘さん（昭和13年生まれ）といっしょに絵本版「海のいのち」を読み合ったときのことを伝えます。

　しょうたさんに、じいちゃんのお話を伺いたいとお願いしました。

　「いいよ。今、じいちゃんは家にいるから、すぐに家に行けばいいよ」

「いくら大きなものを捕っても、
たくさん捕っても自慢するな！」
図18　しょうたさんとおじいちゃん

　しょうたさんは、「じいちゃん」に話を聞いてもらうのが、うれしくてたまらないようで、すぐにでも行ってほしそうでした。そうはいってもすぐに行くこともできず、あらためて日程を決め、もう一人の6年担任のみさこ先生とともに約束の日に、「じいちゃん」の家に出掛けました。

　「じいちゃん」としょうたさん、みんなで絵本版の『海のいのち』（立松和平作・さし絵／伊勢英子、ポプラ社、1992年）をいっしょに読み合いました。しょうたさんは、「じいちゃん」の前でも、太一役として力強く朗読しました。以下、絵本の場面と、それに対する大嶺さんの語りを紹介します。

①冒頭の場面「父はもぐり漁師だった。潮の流れがはやくて、だれにももぐれない瀬に、たったひとりでもぐっては、岩陰にひそむクエをついてきた。二メートルもある大物をしとめても、父は自慢することもなくいうのだった。『海のめぐみだからなあ』」

　似てるねぇ、誰が（この作品を）つくった？　だいたいおんなじ、もうそういう感じだよ。自慢なんか絶対しない、もともと海のもんだから。自慢するやつは嫌われるよ。相手にされない。

　昔はね、十キロ近くのおもりをつけて潜って、おもりをつけて四〜五メートル潜ったよ。昔はね、海は透き通っていて、はっきり見えた。

②父亡きあと、太一少年を漁師として育てる与吉じいさの「千匹に一匹でいいんだ。千匹いるうち一匹を釣れば、ずっとこの海で生きていけるよ」という言葉について。

　　同じ場所では続けてとらないで、1年、休ます。だいたい自分の研究、長年の研究、考えでわかる。そうしないと魚がいなくなってしまう。
　（とらないで）何十年たったら、魚はでっかくなって帰ってくるからね。
　　自分も子どもの仲間たち、漁に連れて行く。
　　言葉じゃ、こんなやさしい言葉じゃいえない。生きてるものとの闘いだから、こんなだらだらじゃない。厳しく教えた。「目で見て勉強しなさい」って。

③太一少年が、父がクエと闘って命を落とした漁場にやってきて、「とうとう父の海にやってきたのだ」という場面。

　　やっぱり漁師には、めいめい得意地域があるんだよ。めったに教えなかったんだよ。海にもね、「やま」があったんだよ。「やま」があって「たに」があるんだ。それを目印に、頭にあって、探していくんだ……。

④太一少年が、クエと遭遇し、「お父、ここにおられたのですか。またあいにきますから」という場面。

　　気持ち、わかる。自分一人で獲って、一人でも喜ぶんだよ。「獲ったよ」って。でっかいの獲ったら、「うーとぅとぅ、ありがとう」ってね、思う。

　＊琉球の言葉で「うーとぅとぅ」は、感嘆詞＋「尊い」がつながってできた語で、先祖や神に祈るときに用います。「お父」を「うーとぅとぅ」に聞き違えられたのでした。漁をして海の恵みをいただいたときに自ずと発する海人の言葉が、祈りと感謝の言葉であったことが伝わります。

⑤絵本を全部読み終わったあと、しばらく間を置いて。

　　えらい、これ作った人は。だけど僕から言わしたら甘い、こんなに軽いもんじゃない。
　（しばらく沈黙の後に孫に語りかけるように）
　　海は、うん、優しいんだよ。優しいけど、こわいのもあるんだよ。
　　海はね、自分が大事にしたら、何も怖いことない。応えてくれる。自分なんか、天気予報よりよっぽど海のことはわかる。（海辺に）立ってたら、わかるんだよ。
　　でもね、海は優しいけど、厳しいんだよ。
　（しょうたさんに、非常に強い口調で）

漁師になるくらいだったら、根性と優しさがないとなれない、根性と優しさがないと……。
ほんとは、海人は優しいだよ、怖いって言われるけど。仕事中は一人だから、厳しいんだよ。
おたがい、ほんとは優しいんだよ。

　自慢なんかはしない。海の魚だからね。仲間にうそついたら、相手にしない、絶対、相手
にしない。

　そう語っているうちに、「年とったら、涙が出るもんだから、泣いてるわけではない
よ」と言いながら、「じいちゃん」の目に涙がこぼれてきました。さまざまな苦労のな
か、自力で海人として人生を切り拓いてこられた大嶺さんは、可愛くてならないお孫さん
のために、学校の授業に協力してほしいという願いに快く応じてくださいました。語りの
〈場〉と〈時間〉に根ざして、今、お孫さんといっしょに学びの場に参加している、自分
自身が海人として生きた証しを、こうして孫に伝えている……、さまざまな思いが内にあ
ふれたのでしょう。

　この涙にこそ、「海の学習館」の原点があることを反芻し、大切にしつづけたいと思い
ます。

（平地竜樹・３のみ村上呂里）

第3章

読書文化をつくる

たがいにプレゼントし合った本を手に

子どもが読書することの重要性は、「子どもの読書活動の推進に関する法律」(平成 13 年法律第 154 号) の施行以来、より一層強調されてきた感があります。沖縄県では、琉球政府の時代の 1960 年代から、本土復帰以降 1990 年代にかけて、「学校図書館モデル校事業」に取り組み、学校図書館そのものの充実とともに読書環境の充実にも取り組んできました。しかし、島嶼県であるがゆえ、豊かな自然環境に恵まれながらも豊かな読書環境を備えるためには、さまざまな困難もありました。

　本章では、子どもと読書の重要性が叫ばれるなかにあって、豊かな読書環境をつくる意義やかかわりあう読書活動が、具体的にどのような子どもたちの学びの姿となってあらわれてきたのかご紹介します。

第1節　読書環境デザインの大切さと ケアリングとしての読書

はじめに

　「本は贅沢品だから……」——地域の方のつぶやきに、離島における本の希少性についてハッとさせられました。離島であることに加え、本校の子どもたちはさまざまな事情から、家庭で本の世界と豊かに出会う環境には恵まれていません。学校が、「子どもたちと本の世界との豊かな出会い」を保障する場にならなければならないとの思いから、まず読書環境デザインに取り組みました。その過程で本校の子どもたちにとって「ケアリングとしての読書」という視点が大事であることに気づきました。以下、①読書環境のデザインの大切さ、②ケアリングとしての読書、という二つの視点から述べていきます。

1．読書環境デザインの大切さ

（1）沖縄（八重山）の読書環境

　本書の舞台である沖縄県の読書をめぐる状況について概観してみましょう。子どもと読書にかかわる環境要因は多岐にわたりますが、まずは、地域における読書環境の拠点でもある公立図書館の状況について取り上げておきたいと思います。

　沖縄県における公立図書館設置率は、2017 年 10 月の時点では、61％と全国 43 位であり、町村設置率は 47％にとどまっています[1]。図書館数そのものも 39 館と少なく、中央館以外に分館体制による図書館サービスを提供しているのは那覇市の 7 館体制、うるま市の 3

館体制、宮古島市の3館体制、南城市の4館体制、のように4自治体のみとなっています。

このような、公的な読書環境としての公立図書館設置の遅れは、①沖縄戦による図書館の消失、②占領下の自治の場としての図書館活動の制限、③地理的・政治的特性による自治体合併の低調さ、等の複合的な影響が考えられています。

八重山の公立図書館としては、日本最南端の公立図書館としても有名な石垣市立図書館が設置されていますが、1館体制で石垣島内の広域をカバーしなければならず、地元紙でも館長の言葉が報じられている通り、ここ数年「なかなか利用につながらない」状況にあるといいます[2]。

一方、沖縄県の学校図書館事情は、他の都道府県のそれとは異なり、図書館の三要素（施設、資料、職員）といわれる中でも、とくに重要とされる「職員（人）」としての学校司書の配置を早くから進めてきた経緯があります。「人」のいる学校図書館は、子どもたちの読書活動も活発であり、現に沖縄県の子どもたちは、年間に小学生で100冊、中学生で40冊もの本を学校図書館から借りているということが当然のように受け止められています。貸出冊数がすべてではありませんが、少なくとも学校図書館を介した読書活動や読書環境の充実については、沖縄県が全国に先駆けて取り組んできた誇るべき成果といえます。

しかしながら、筆者は、八重山の学校図書館関係者とかかわる中で、「本は贅沢品だから」という保護者の声があることもうかがい知ることがありました。また、学校図書館における資料購入費も地域間／学校間格差が大きく、汚損・破損資料の廃棄と更新もままならない学校図書館担当者の苦悩も目の当たりにしてきました。八重山の自然環境の豊かさの一方で、読書環境の厳しさについては、表面的な学校図書館や読書にかかわる調査結果だけでは把握しきれない課題を内包していることに気づかされるとともに、個別具体的な読書環境充実のための取り組みにアプローチすることの必要性を感じることとなりました。

（2）読書環境デザインとしての「場」づくり

学校内の至る所に、児童が気軽に本を手に取り、いつでも本が身近にあるという環境としての〈場〉の意を表すため、「校内読書ブランチ」という名称を付与することとしました。ちなみに、ブランチ（branch）には、木の枝をあらわすほかに、支店・分館・支部・出張所といった意味もあります。

具体的には、学校図書館内に限らず、子どもたちが学校生活を送る中で最も多くの時間を過ごす各教室付近に、可動式の書架や展示架を設置することで、次の3点を意図した取り組みとなることを理想としています。

①子どもたちが本をいつでも自由に手に取ることができるよう排架していくこと。
②友達同士で読んだ本を介して"ことば"を交わすことのできる「場」を構築すること。
③各教科学習での単元にあわせ本を意図的・計画的に選書・収集していくこと。

　学校内で子どもたちが読書の環境に触れ合うためには、第一に学校図書館の充実が挙げられますが、学校生活を送る中でより身近なところにも読書をと考えた場合には、やはり教室付近にも読書環境を整備しておくことが大切です。図1のように、木に例えるならば、太い幹が学校図書館であり、そこから伸びる枝の先に「読書ブランチ」が位置づきます。幹や枝が成長するためには、司書教諭や学校図書館担当職員をはじめ、教職員や保護者（ボランティア）の方々が根となり支えていくことが不可欠となります。

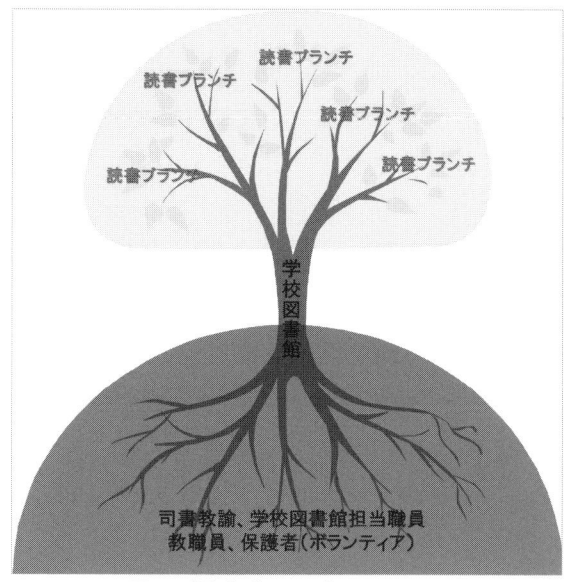

図1　「読書ブランチ」のイメージ

　読書環境デザインにかかわる先行研究事例として、松山雅子（2015）が、1970年代以降のイギリス初等教育における国語科教育改革についてまとめたものがありますので、取り上げておきたいと思います。イギリスでは、2005年から2011年にかけて、具体的な国語科教育改革の普及、推進事例としての読書力向上プロジェクトが掲げられています。イギリス国語科教育の改革を推進する「小学校リテラシー教育センター」（Center for Literacy in Primary Education 以下、CLPE と表記）が、センターの発展的実施検証による充実期の要として「読書力向上プロジェクト」を位置づけ推進してきたことが紹介されています。

　そこでは、読書環境の再考とリテラシー環境の拡充の観点から、「ともに読み合い、反応を交流し、話し合うといった社会的活動が、センターがめざすところの読むという行為（読書）であることを繰り返し強調」[3]しており、「児童と教師と文学が、ひとつの創造的なコミュニティを創出していくべき」[4]ことが推奨され、学校、学級における読書環境実態調査が行われています。読書環境デザインを考えるうえで大きな示唆を与えてくれるかと思いますので、そこで用いられた調査シート（「読書力向上プロジェクト実施に向けた学級環境実態調査」）内の設問項目を以下に掲げておきます[5]。

　　a. 読書のために明確に区切られたコーナーがあるか。

　　b. コーナーの場所を変える必要があるか。

　　c. 幅広い児童図書があるか。

　　　絵本／詩／短編／長編／読本／知識情報の本／参考書／児童作品

　　d. 児童図書をどのように分類し、ラベルを貼るか。

　　e. 排架の仕方は適切か。

　　　本棚の排架、その他のラック、ブックボックス、ビッグブック立て等について状況を
　　　メモし、改善点も書き留めておく。
　f. 定期的にリニューアルする図書展示コーナーを常設しているか（たとえば、作家特集、
　　　テーマ別、プロジェクト用テクスト、児童の反応、書評など）。
　g. 読書コーナーを読書のために居心地よく親しみやすくするために、どんなことをする
　　　か（たとえば、カーペットを敷く、クッションや玩具等の小道具、観葉植物、ポスターを加
　　　える）。
　h. 本の朗読テープや再生機が常設してあるリスニング・コーナーがあるか。

　以上のような CLPE の「読書力向上プロジェクト」における調査シートからは、本を
置く単なる場所としての環境ではなく、有機的に展開される交流可能な読書の〈場〉とし
ての環境をいかに保障していくことができるかという、読書環境デザインの重要性を客観
的に考察する手がかりとなるでしょう。

（3）かかわりあえる読書環境づくり：「校内読書ブランチ」づくりへ向けたステップ

　かかわりあえる読書環境づくりへのヒントとして、八島小学校で取り組んできた「校内
読書ブランチ」づくりへ向けたプロセスを、六つのステップに分けて紹介しておきたいと
思います。

ステップ1　ブックトラックを活用する

　先にも述べたように、「校内読書ブランチ」をつくる場合、
図書や情報資源を排架するための書架には、ブックトラック
（可動式書架；図2参照）を用いることが理想的です。これは、
各学級単位で「読書ブランチ」用の書架を導入できなくとも、
学年で1台のブックトラックを用意できれば必要に応じて教
室間の移動が容易に行え、資料共有を図ることができるから
です。ブックトラックの利活用に際しては、図書資料等を積
載するとかなりの重量となりますので、移動させる際など子
どもたちの安全面にも十分留意してください。

図2　ブックトラック

　なお、このブックトラックですが、ベルマーク教育助成運
動に参加し、ベルマークを集めブックトラック購入に充てて
いる学校もあります。この助成運動への参加には学校長の承認を受けた PTA であること
といった条件があります。以下のベルマーク教育助成財団のウェブサイトで確認してみて
ください。

　◇ベルマーク教育助成財団 URL <http://www.bellmark.or.jp/about/participate.htm>

ステップ2　排架資料について検討する（単元・教材のピックアップ）

　ブックトラックにどのような図書や情報資源を排架すべきかの選定作業は、一番の悩みどころかもしれません。まずは、最低限備えておきたい図書資料リストとして、先にも取り上げた、教科書出版社がリストアップしている関連図書リスト（単元別参考図書目録など）に基づきながら検討していくのがよいでしょう。

　とはいえ、リストに掲載されている関連図書を一度にすべてそろえることは容易ではありません。図3は、小学校「国語」光村図書の単元系統一覧表を示したものですが、各学校の年間計画と照らし合わせながら、校内研修の機会などを用いて、推薦図書や並行読書に重点的に取り組む単元・教材をピックアップ（マーカーで印を付しておくなど）することから始めてみると良いかもしれません。ここで掲げた図3については、単元名のみを取り上げた一覧表となっていますので、より具体的には教材名の一覧表も確認しながら、関連図書リストについて検討されると良いかと思います。

図3　単元系統一覧表

ステップ3　学習に役立つ図書（および情報資源）のリストをつくる

　単元・教材をピックアップした後、学習に役立つ図書および情報資源のリストを作成していきます。多くの学校図書館では、分類記号でいうところの9類（文学）の所蔵割合が5割に及ぶことが多く、国語科での並行読書に取り組む場合のリスト作成については、おおむね対応できるかと思います。

　とはいえ、学校図書館に必ずしも求める図書や情報資源のコレクションが構築されていなければ、「読書ブランチ」自体の構築も困難なものとなってしまいます。それら不足している図書や情報資源をあらかじめ把握しておくためには、どのような資料を収集すれば、どのような授業が展開でき、どのように子どもたちの豊かな学びが可能となるのか検討しておく必要があります。このようなリストの検討・作成・収集は、ある程度まとまった時間を必要としますので、できれば半年以上前から取り組んでおくことが望まれます。

　リストの作成にあたっては、教師から出された国語科の単元のねらい、学習展開の典型例、キーワードを元に、それぞれの単元内容に応じた網羅的な一次リストを挙げ、その

中から、さらに吟味して各単元で利用したい図書や情報資源を選び出していけると良いでしょう。以下の表1では、学習に役立つ図書（および情報資源）のリストの項目例を挙げておきます。

表1　学習に役立つ図書（および情報資源）のリストの項目例

1学年　国語	単元名 くらべて　よもう		教材名 じどう車　くらべ
学習のキーワード	□じどう車のつくり　□じどう車のはたらき　□バス □コンクリートミキサー車　□ショベルカー　□ポンプ車		
書誌事項		所在記号等	備考
『はたらくじどうしゃ』（全5巻）国土社		537	
『ふしぎ・びっくり⁉こども図鑑　のりもの』学習研究社		536	
『はたらく自動車ずかん』成美堂出版		537	
『超発見大図鑑6　はたらく車』ポプラ社		537	○○市立図書館所蔵
『はたらく くるま』ひかりのくに		537	

__ステップ4__　ブックトラックへの排架方法を考える

　学習に役立つ図書（および情報資源）のリストが完成し収集も完了したら、「読書ブランチ」（ブックトラック）への排架方法を検討します。図では、3段書架のブックトラックであった場合の排架例を示しています。

　図4に基づいて説明を加えてみます。例えば、最下段には、大型の図書や情報資源として「情報ファイル（パンフレットやリーフレット類）」や「辞典・事典類」を排架します。中段には、日常的な読書活動で取り組む「集団読書用のテキスト」や「自由読書用の図書」を排架します。最上段には、国語での学習にあわせて、先にリストアップした学習に役立つ図書等「教科関連図書」を排架します。

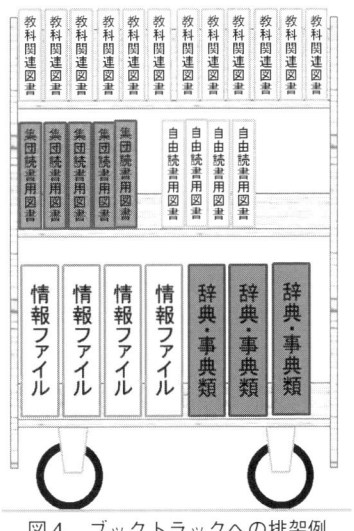

図4　ブックトラックへの排架例

__ステップ5__　場としての読書ブランチ（本との出会いの演出）

　「読書ブランチ」は、単にブックトラックへ図書等を排架しただけの書架ではありません。日常的な生活空間に意図的に「読書の場」を設定することにその意義があります。もちろん、ブックトラックへの排架がしっかりとなされていなければなりませんが、ブックトラックへの排架ができたら、できればその排架内容に応じた読書環境づくりを通して、「読書の場」としての機能も高めたいものです。例えば、図5のように、ブックトラックへの排架内容に応じて、関連する図書や実物を併せて展示するという方法もあります。

図5　展示の例

図6　「かかわりあい」による読書の場

　また、「読書ブランチ」をはじめとして、学校内での読書活動を“見える化”して“蓄積”できるような展示も読書体験を振り返るきっかけにもなり、読書を意識する場にもなります。

　図6は、「読書ブランチ」でのひとときの様子です。1学年の教材「じどう車くらべ」に関連し、読書ブランチへ排架した図書を囲んで子どもたちが授業時間外に話し合っています。このような、友だちとの簡単な話し合いは、内言の外言化という言語活動の基盤ともなる体験として、「話すこと・聞くこと」から「書くこと」へとつながる大切な「読書の場」となるでしょう。

　エクストラ・ステップ　校内研修で学習に役立つ図書リストを作成

　これまで取り上げてきたようなステップについて、日常的に取り組むことができればよいのですが、なかなか時間が確保できないということが実情かと思います。年に1〜2回だけでも、校内研修として学校図書館を研修の場に設定し、ここに示したステップで「学習に役立つ図書リスト」の作成にチャレンジしてみてはいかがでしょうか。単に学校図書館の所蔵の有無を確認するだけではなく、実際に学校図書館の書架をめぐり図書を手に取り確認することで、新たな授業づくりのヒントが見いだせるかもしれません。各学年で年に1つの単元だけでもピックアップし「学習に役立つ図書リスト」を作成し蓄積していくことができれば、数年で学校独自の貴重なリストができあがることと思います。

（4）本校での取り組み：読書ブランチ「本の贈呈式」での出来事

　八島小学校での共同研究が始まってから2年目の10月、読書環境デザインを具現化するために「読書ブランチ」第一弾となる低学年向け図書の搬入をおこないました。搬入当日は、昼休み時間帯の10分間程度の時間を確保し、「本の贈呈式」という形でのセレモニーが企画され、1・2年生と特別支援学級の子どもたちに集まってもらい、搬入した本を直接子どもたちへ手渡す機会をつくることができました。

　「本の贈呈式」と横断幕が掲げられた会場に集まってきた子どもたちは、これから何が始まるのか不思議そうな面持ちながら、教務主任の小林先生から、「みなさん、これから何が始まるかわかりますか？　前に貼ってあることば（「本の贈呈式」）をみんなで読んで

みましょう！」という声掛けに、子ども
たちは一斉に「ほんの……？　よみきか
せ!!」と、低学年には難しい「贈呈式」
という漢字を読めないながらも元気よく
「よみきかせ！」と応えてくれたのでした。
このやり取りからは、これまで八島小学校
の校長・教頭をはじめとする先生方、保護
者ボランティア、大学教員、ゲストなどさ
まざまな人たちによって日常的に実践され
てきた読み聞かせやブックトークの取り

図7　本の贈呈式

組みが、低学年の子どもたちにとって「本＝読み聞かせ」という文化として自然な認識の
流れの中で発せられたことばだったのではないでしょうか。このような子どもたちの姿は、
豊かな学びをつくるために取り組んできた「読書文化を学校文化として根づかせる」成果
としてあらわれた一つではないかと考えています。

（5）本との対話：「読書記録カード」の取り組み

　読書ブランチの環境構築をすすめながら、子どもたち自身で読んだ本の記録を残せる低

学年向け「読書記録カード」（図8）
を作成しました。「読書記録」とは、
図書館での貸出・返却の際に用いら
れる「貸出記録」とは異なり、自ら
が読んだ本についての記録として、
読んだ日、書名、著者名のような基
本的な事柄と印象的で心に残ったこ
となどについての短い感想を記すも
のが一般的です。

　この「読書記録カード」への記録
の目的には、以下のことが挙げられます。

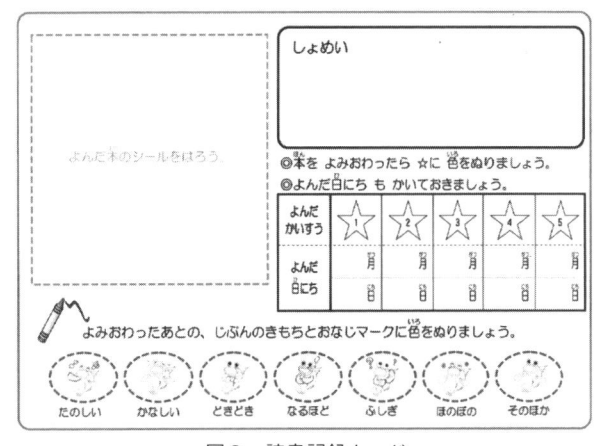

図8　読書記録カード

　①子どもたちにとっては、自分の読書歴・変遷をたどることで読書への興味を高めること。
　②教師の側にとっては、子どもたちの読書への興味の持ちようを知る手がかりとなること。

　とくに、小学校1年生では、読書記録として書名を書くことだけでも大変かもしれませ
んが、進級するにつれ、書名や著者名、出版者、出版年など書誌事項にも意識をもっても
らいながら読書記録として書くことで、3年生からの「総合的な学習の時間」などにおけ

る「調べ学習」での参考文献、引用文献記載への意識を高めることにもつながっていきます。

　その出発点として、1年生向け「読書記録カード」では、「読書ブランチ」に排架されている図書の「表紙シール」をあらかじめ作成しておき、子どもたちが本を読んだら該当する「表紙シール」を

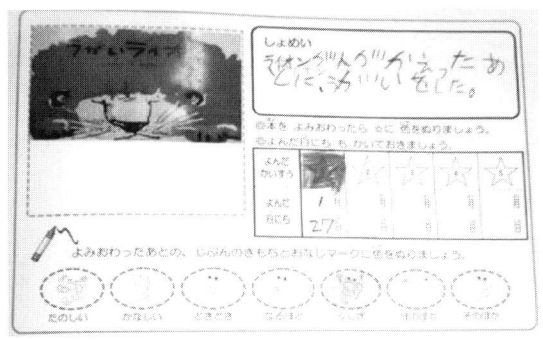

図9　Aさんの読書記録カード

貼ることができる形式の読書記録カードを作成しました。できるだけ簡単に記録を取ることができるカードであることと、「表紙シール」を貼ることをきっかけとしながら、読むことと書くことへの興味関心を高めてもらうカードであることが必要だと考えます。

　「読書記録カード」への記録を重ねていくと、「表紙シール」を貼り、色を塗るということだけではなく、Aさんのように「しょめい」欄に読んだ本のあらすじを書き始める子もいました。子どもが自ら読んだ本の内容を書きたい／書いてみたいという思いに結びつき、それが読書記録カードに体現された形となっていきました。自らが読んだ本と向きあい、その内容を書き綴る行為は、自分一人で完結する読書から、自分の思いを外言化し他者と交流するための記録物としても、大きな意味をもつものになるでしょう。

2．ケアリングとしての読書

（1）クシュラの奇跡から考えたいこと

　「クシュラは，本を見ようとする意思を示した。全身を耳にして聞いた」[6]

　障がいがあり生まれた子どもやなんらかの事情で生後障がいがある状態となった子どもほど、その後の多様な交流の場のあり方について、大人が子どもにできることは何か、教育とは何か、適切な援助とは何か、を端的に示すものはないでしょう。読書が子どもの発達にとって持つ意味も、そういう事例を見ることではっきりととらえられる場合があります。冒頭の一節は、ニュージーランドの障がい児のクシュラの事例を紹介した『クシュラの奇跡：140冊の絵本との日々』からの引用です。クシュラは染色体異常による重度の先天的な障がいがあり誕生しました。視覚と触覚の機能が不十分であり、運動機能にも障がいがあり、生後絶えず検査や治療のための入退院を繰り返していました。そのような子どもであっても絵本により活発な知性がはぐくまれた点で注目された事例です。

　クシュラにとっての絵本の読み聞かせの状況は、たえず抱かれたり話しかけられている快さと安心感を与えられるものでした。そのような温かなリラックスした状況の中で、わ

ずかに残された聴覚と視覚、手と口の触覚などを最大限利用することにより多くのことを学ぶことができたと綴られています。重度の障がいにもかかわらず、このように言語・認知の面で水準以上の発達を遂げることができたのは、愛情と援助が一貫して与えられる環境で、「ことば」と「絵」の宝庫である「絵本」に触れたことによるものと推測されます。この場合は、環境の刺激が重要であることを示しているものの、その刺激を媒介してくれる「人」がいかに重要かは気づかれにくいかもしれません。絵本そのものが子どもの発達に寄与することはもとより、絵本を媒介してくれる「人（相手）」が大きな慰めになることを私たちに教えてくれる事例といえるでしょう。

　ケアリングという観点から、あらためて読書は心のケアにどのような働きをするのでしょうか、八島小学校での事例をひもときながら探ってみたいと思います。

（2）かかわりあえる読書環境が生み出す〈共感的・ケアリング的〉まなざし

　学校教育における読書活動が、学習者中心の活動であるとしても、本が置いてあるだけではなかなか読書活動に結びつきにくいことがあります。先に紹介した「読書ブランチ」も「読書記録カード」も、そこに教育者の支援を意図的計画的に含めていくことによって、はじめて教育活動としての豊かな読書を位置づけることが可能となります。

　本書でも次節で紹介されていますが、八島小学校1年生の実践事例「本のプレゼントをしよう」の子どもたちのワークシートからは、子どもたち相互の〈共感的・ケアリング的〉なまなざしが感じられる豊かな本の紹介文にあふれています。ここでは、ほんの一部となりますが紹介してみましょう。

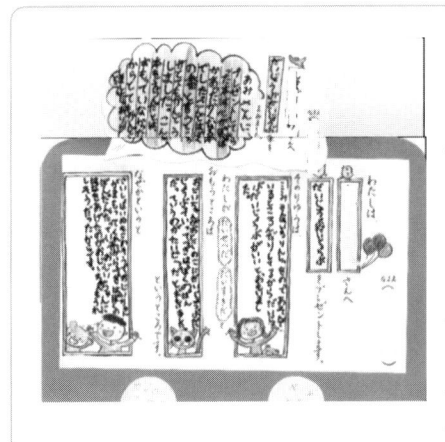

Bさんから Cさんへ
　『だいじょうぶだいじょうぶ』をプレゼントします。
　そのりゆうは、Cさんは、いちりんしゃをのってあそんでいると　ころんだりしてるから　だいじょうぶだいじょうぶが　いいとおもいました。

Cさんから Bさんへ
　Bさんに、プレゼントしてもらった本は、心がぽかぽかあったかくなる本でした。こんどはぼくの番と言うところがとてもかんどうしました。こんな本をえらんだとは、おもっていなかったからとてもかんどうしました。ありがとう。

Dさんから Eさんへ
　『ねずみくんのチョッキ』をプレゼントします。
　そのりゆうは、Eさんは、おなかがいたくて　げんきないから　このほんをよんだら　げんきになれるんじゃないかっておもいました。

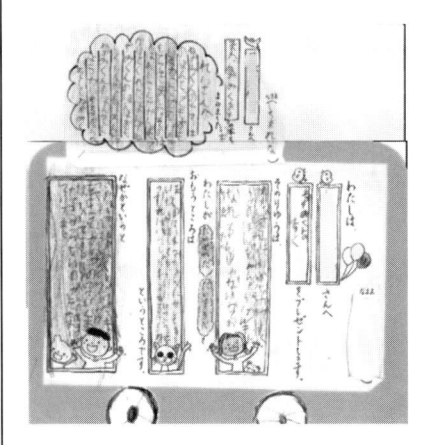

Eさんから Dさんへ

　ねずみくんのチョッキのほん　とってもおもしろかったです。げんきもでてきました。そのほんは　Dさんが がんばってかいてくれた　ほんで ねずみくんの ほんは おもしろいんだね。いろんな ねずみくんのほんをしょうかいするからね。

　そして ねずみくんの おもしろかったところは、かしてもらったチョッキを がんばってねずみくんにわたしたのかな。こんなおもしろいほんをプレゼントしてくれてありがとう。Dさんってやさしいんだね。ねずみくんのほんは ぜんぶで29しゅるいのほんがあるから いっぱいしょうかいしあおうね。このほんは すらすらよめるし げんきになるからとってもうれしいプレゼントになります。

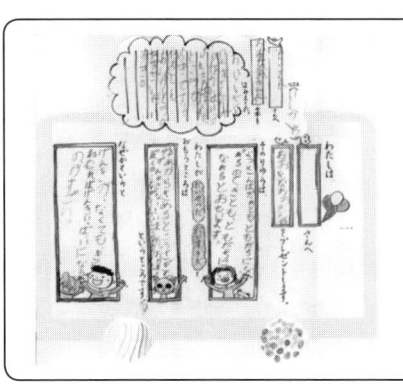

Fさんから Gさんへ

　『おおきなおおきな木』をプレゼントします。

　そのりゆうは、Gさんはだれともともだちになれるので、きとも、ともだちになれるとおもいます。

Gさんから Fさんへ

　おじいさんのくまさんが、木のなかにはいってげんきをだしたところがすきです。Fさんありがとう。Fさんだいすき。

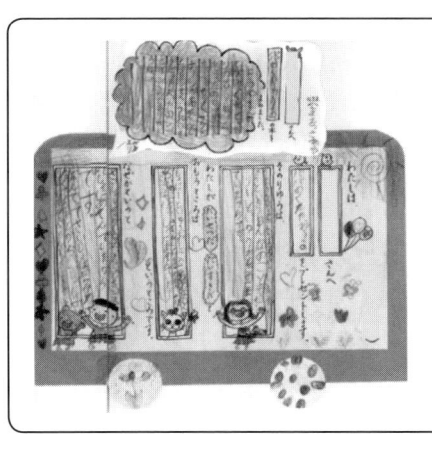

Hさんから Iさんへ

　『パパのくれたおくりもの』をプレゼントします。

　そのりゆうは、Iさんは、いつもやさしいしえがおでやさしいところが、サラというおんなのことティモシーというおとこのこににていたからです。

Iさんから Hさんへ

　Hさんおてがみくれて、ありがとうね。よんだら、たのしい本だったよ。そして、サラとティモシーがあそんでたところ、うれしそうだったよ。たのしいえほんくれてありがとうね。

　これら紹介文のなかにも見られるように、小学校1年生の段階ではありますが、子どもたちなりに「友だち」という存在を意識し、その「友だち」に合う本を紹介しようという思いにあふれた紹介文となっていることが確認できます。また、紹介文（と紹介された本）を受け取った子どもからの返答文にも、その「友だち」を思う気持ちが表現されています。

　保育心理学者の松永あけみは、「友だち」をテーマに子どもたちが自由に表現した作文

の分析を通して、児童期にある子ども達が「友だち」という存在をどのようにとらえているのか、そのとらえは、児童期を通してどのように変化するのか、その発達的変化について研究しており、次のように指摘しています[7]。

　　児童期における友人関係の理解に関しては、古くからいくつかの研究がなされているものの、先行研究のほとんどが、質問紙やあらかじめ研究者側が想定した質問へのインタビューによる調査であり、「友だち」という存在の真の捉えを反映しているか否か疑問である。その意味で、子どもたち自らの表現である作文には、最も関心の高い事柄が記述され、子どもたち自身の「友だち」の捉えが反映されるのではないかと考えられる。

　松永の指摘から考えれば、先に取り上げた子どもたちの本の紹介文もまた、子どもたち自らの表現であり、子どもたち自身の"ことば"であり、本をプレゼントする相手（友だち）への思いが記述されやすい作品となることが考えられます。もちろん、そこでの紹介文については、言語表現能力に強く影響されることを十分に踏まえる必要もあるでしょう。しかしながら、子どもたち相互の〈共感的・ケアリング的〉なまなざしについては、極めて自然な形で表現された紹介文であると考えられます。

　すなわち、本の紹介文を書く活動ではあるものの、子どもたちのやり取りからは、「他者の気を引く」だけではなく、「他者を安心させる」というような、他者の心の動きを意識しながら自身の内面から綴られた生の声を届けあうことの豊かさにあふれているのです。このような、本（絵本）を仲立ちとした紹介文のやり取りからは、固有の他者とのあいだの関係の生成のなかで、他者への関心の向け直しの過程を含むものとなり、その後の子どもたちの学びの豊かさを育む礎となるものといえるのではないでしょうか。

（望月道浩）

注

1　政府統計の総合窓口 e-Stat『社会教育調査：平成 27 年度：図書館調査』より、以下の統計表を参照（最終確認 2017 年 8 月 26 日）。

　「市（区）町村立図書館の設置状況」<http://www.e-stat.go.jp/SG1/estat/Xlsdl.do?sinfid=000031559123>

　「設置者別本館・分館別図書館数」<http://www.e-stat.go.jp/SG1/estat/Xlsdl.do?sinfid=000031559122>

2　「石垣市立図書館、中高生の利用減」『八重山毎日新聞』2017 年 8 月 22 日、<http://www.y-mainichi.co.jp/news/32130/>（最終確認 2017 年 8 月 26 日）。

3　松山雅子『イギリス初等教育における国語科教育改革の研究：Center for Langueqe/Literacy in Primary Education の取り組みを中心に』渓水社、2015 年、350 頁。

4　同前書、350 頁。

5　前掲書 3、351 頁。

6　ドロシー・バトラー、百々佑利子訳『クシュラの奇跡：140 冊の絵本との日々』のら社、1984 年、15 頁。

7　松永あけみ「児童期における『友だち』という存在の認識の発達的変化：小学校 1 年生から 6 年生までの 6 年間の作文の分析を通して」『明治学院大学心理学紀要』(27)、2017 年 3 月、49-60 頁。

第2節　実践編　読書文化をつくる

ケアリングとしての読書・「本のプレゼントをしよう」

「だれかを大切に思う気持ち」をテーマに ☆1年・国語

はじめに

　1学期から継続して行ってきた週に1回の保護者による読み聞かせは、子どもたちがとても楽しみにしている時間でした。子どもたちは毎週、父母による読み聞かせを真剣に聞いていました。1学期の子どもたちの読書活動は、担任や保護者による読み聞かせが中心でしたが、2学期に入り、平仮名や片仮名、漢字を習得し、文章をスラスラ読めるようになり、自ら読みたい本、好きな本を選び、進んで読書をする児童が増えました。しかし、一方で、進んで読書をすることができなかったり、写真ばかりの図鑑やほとんど活字のない本など、決まったジャンルの本ばかりを繰り返し読んでいる児童がいたりするという現状がありました。

　本実践では、友だちや家族に合う本を探し、プレゼントするという活動や友だちにプレゼントしてもらった本を読み、読んだ感想を返事に書くという活動を通して、多くの本に触れ、読書の楽しさを味わえるようにしました。

　本学級の子どもたちは、皆元気で明るく、一言で言うと非常に子どもらしい子どもたちでした。しかし、その背景に、複雑な家庭環境を抱え、落ち着かなかったり、不安定になったりしている児童もいました。本をプレゼントし合うという活動が多くの人との豊かな関わり合い、心の通い合いを生み、クラス一人ひとりがかけがえのない存在として大切にされ、たがいに認め合えるようになってほしいという願いを持って本実践を行いました。

1．単元の全体像

以下のように、単元をデザインしました。

Ⅰ　ハンス=ウィルヘルム作・絵／ひさやまたいち訳「ずうっと、ずっと、大すきだよ」（光村図書・一下）をテキストに、書き込みをしたり、吹き出しを活用したり、登場人物の思いを豊かに想像しながら読む。

Ⅱ　読み深めたことをもとに、「ぼく」と「エルフ」にお手紙を書く。

Ⅲ　担任の先生や校長先生からプレゼントしたい本を紹介するお手紙を読んでもらい、

その本の読み聞かせを聞く。本をプレゼントされる喜びを体験するとともに、本の選び方、紹介・読み聞かせの仕方について学び、自分もお友だちや家族に「本をプレゼントしたい！」という気持ちをふくらませる。

　　★読書環境デザイン★

　オープンスペースの畳の間に、「だれかを大切に思う気持ち」をテーマにした66冊の本のコーナーをつくる。

Ⅳ　お友だちにプレゼントしたい本を選び、◎選んだ理由、◎「たいせつだ」「だいすきだ」と思うところとその理由、を書いたお手紙を書く。お手紙を読み、本の読み聞かせのプレゼントをする。読み聞かせを聞き、お返事を書く。

Ⅴ　家族にプレゼントしたい本を選び、同じようにお手紙を書き、お返事をもらう。

2．学びの展開

導入

　子どもたちに、本を紹介し合うという学習への見通しと意欲を持たせるために、まずは、隣のクラスの先生が担任にプレゼントしてくれた本の紹介、読み聞かせを行いました。袋に包まれ、リボンのついたプレゼントに皆目を輝かせながら、「何が入っているんだろう？」とワクワクした表情でプレゼントを見つめていました。袋から、隣のクラスのひなこ先生が担任にプレゼントしてくれた、なかえよしを作・上野紀子絵『りんごがたべたいねずみくん』を取り出すと「絵本のプレゼントだ」「どんなお話なんだろう」と、皆まるで自分が絵本をプレゼントされたかのような反応をしていました。

　次に担任が、クラスの子どもたちのために選んだ本をプレゼントしました。自分へのプレゼントということで、隣のクラスの先生から担任へのプレゼントの時よりもさらに期待感を持って、自分たちへプレゼントされた絵本が袋から取り出されるのを見つめていました。プレゼントした本を読み聞かせすると、子どもたちは、普段以上に真剣に話を聞き、お話の世界に入り込み、読み聞かせを楽しんでいました。

　読み聞かせの後に、担任が、

①なぜこの本を選んだのか
②この本の「大切だ」「大好きだ」と思うところとその理由

について書かれたワークシートを読み上げると、「もう一度読んで」「ほんとうに家に持って帰りたい」などという声が多く聞こえてきました。休み時間を利用して校長先生からも1年生の子どもたちに絵本のプレゼントをしていただきました。自分のために、願いを込めて選んでくれた絵本のプレゼントというのは、やはりとても嬉しかったようで、自分も

絵本をプレゼントしたいという意欲につながりました。

　隣のクラスの先生から担任へ、校長先生から子どもたちへの絵本のプレゼントを通して、ただ、自分が好きな絵本をプレゼントするのではなく、相手のことを考え、本と相手との共通点を見つけたり、絵本を通して相手に伝えたいこと、感じ取ってほしいメッセージなどを考えたりしながら絵本を選び、本をプレゼントするという学習の流れを理解することができました。

図1　校長先生による読み聞かせの様子

図2　担任による読み聞かせへの子どもたちの感想

本のプレゼントをしよう

　事前に「だれかを大切に思う気持ち」をテーマに本のリストを作成し、全部で66冊の本を準備しました。子どもたちは66冊の本を一冊一冊手に取り、本をプレゼントする友達を思い浮かべながら、本の内容とプレゼントをする友だちの共通点を探したり、本を

図3　プレゼントする絵本を選ぶ子どもたちの様子

通して友だちに伝えたいことなどを考えたりしながら本を選んでいました。

　本を選んだら、ワークシートに①本の名前、②選んだ理由、③「たいせつだ」「だいすきだ」と思う叙述の抜き書き、④その叙述を選んだ理由を書きます。

図4　ワークシート

表1　「だれかを大切に思う気持ち」をテーマにした絵本

授業のために集めた本の一覧表

1	あらしのよるに	34	だいすきっていいたくて
2	あるはれたひに	35	ちいちゃな女の子のうたわたしは生きてるさくらんぼ
3	きりのなかで	36	てぶくろかいに
4	くものきれまに	37	どうしたのぶたくん
5	ふぶきのあした	38	とべないほたる
6	おまえうまそうだな	39	どんなにきみがすきだあててごらん
7	いいからいいから	40	どんなにきみがすきだあててごらん（はる）
8	いいからいいから3	41	どんなにきみがすきだあててごらん（あき）
9	いつだってそばに	42	どんなにきみがすきだあててごらん（ふゆ）
10	おれはティラノサウルスだ	43	ないた
11	きみはほんとうにステキだね	44	ねえねえ
12	であえてほんとうによかった	45	ねこの木
13	ぼくにもそのあいをください	46	ねずみくんのひみつ
14	わたしはあなたをあいしています	47	ねずみくんのたんじょうび
15	あくれたラルフ	48	ねずみくんねずみくん
16	いつだってともだち	49	コップをわったねずみくん
17	おおきなおおきな木	50	ぞうさんとねずみくん
18	おかあちゃんがつくったる	51	また！ねずみくんのチョッキ
19	おじいちゃん	52	リンゴをたべたいねずみくん
20	おばあちゃんがいるといいのにな	53	葉っぱのフレディ
21	おばあちゃんといつもいっしょ	54	パパのくれたおくりもの
22	かぜはどこへいくの	55	100万回いきたねこ
23	悲しい本	56	ふたりいっしょだねちいきまくん
24	きみにあえてよかった	57	ぶたばあちゃん
25	串カツやよしこさん	58	ペンちゃんギンちゃんおおきいのをつりたいね
26	さああるこうよおじいちゃん	59	ぼちぼちいこか
27	しゅくだい	60	ママだいすき
28	サルくんとブタさん	61	ままぼくのことすき？
29	せいちゃん	62	みどりのふえ
30	せかいでたったひとつのこもりうた	63	もりのなか
31	だいじょうぶだいじょうぶ	64	ラブ・ユー・フォーエバー
32	でもすきだよおばあちゃん	65	わたしはだいじなたからもの
33	てんごくのおとうちゃん	66	わすれられないおくりもの

　次に、友だち同士で選んだ本にワークシートを添えてプレゼントし合いました。友だちにプレゼントしてもらった本を読み、本を読んでの感想を手紙に書いて、それをプレゼントしてくれた友だちのワークシートに貼りました。児童同士で行った絵本のプレゼントと同じ方法でお家の人にも絵本のプレゼントを行いました。

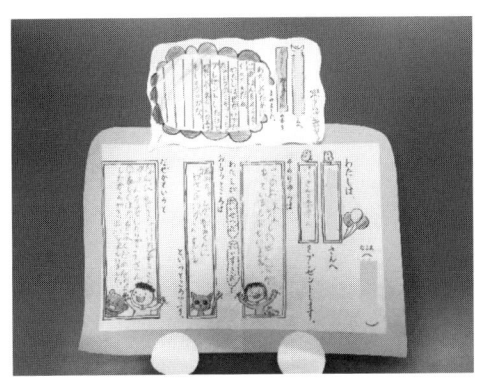
図5　汽車をかたどった台紙に貼ったワークシート

図6　プレゼントされた絵本を手に記念撮影

　全員がワークシートを書いて終わったら、汽車をかたどった台紙に貼り、全員の汽車をつなげ、「本のプレゼントれっしゃごう」として掲示しました。これを見ながら「友だちにこんなお手紙をもらったよ」「○○さんが□□さんにプレゼントした絵本読んでみたい

な」等、授業や絵本に関する会話が多く聞かれました。

図7　「本のプレゼントれっしゃごう」として掲示

3．子どもの学びの姿

しょうまさんとゆうきさん

　担任から見て二人はまったくタイプの違う子でした。しょうまさんは、クラスでいちばん明るく、少しやんちゃなタイプの子でした。一方のゆうきさんは、とてもおとなしく、いつも冷静で、周りの子がふざけていても、それを遠くから見ているような子でした。そんな対照的な二人がおたがいに絵本をプレゼントし合うことになり、二人とも相手のことをよく考え、絵本を選んでいました。

　しょうまさんはゆうきさんに、なかえよしを作・上野紀子絵『ねずみくんのひみつ』という絵本を選びました。選書の理由をワークシートに、

　ゆうきさんもいっぱいひみつがあるからです。ゆうきさんとぼくはしんゆうだからです。

と書いていました。まったくタイプが違い、普段からかかわっている様子があまり見られない二人であったため、しょうまさんの「しんゆう」という表現に担任は少し驚きましたが、「しんゆう」という表現から、しょうまさんのゆうきさんに対する思いが伝わってきます。「ゆうきさんもいっぱいひみつがある」という表現にも、大好きなゆうきさんのことをもっと深く知りたいというしょうまさんの気持ちがよく表れています。絵本を介することによって、これまで担任が気づかなかったしょうまさんとゆうきさんのかかわりを見ることができました。

　ゆうきさんからしょうまさんへは、サム・マグブラットニィ作・アニタ・ジェラーム絵『ど

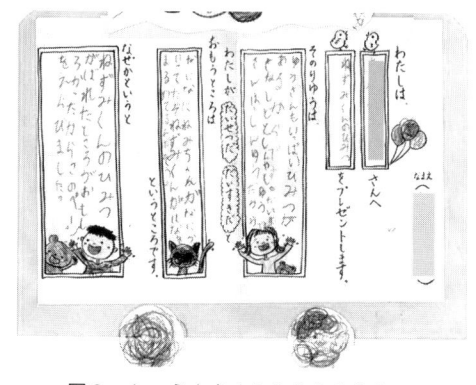

図8　しょうまさんからゆうきさんへ

んなにきみがすきだかあててごらん』をプレゼントしました。選書の理由として、

　しょうまさんは、前にゆきちゃんにすきって言われていたけど、はずかしくてえーって言っていたので大すきっていいことだよってしってほしくてこの本をえらびました。

とワークシートに書いていました。「大すきっていいことだよ」とは、人が生きることの本質を衝いた何と素敵な表現でしょう。ゆうきさんの文からもゆうきさんが普段からしょうまさんのことをよく見ていて、しょうまさんと他の友だちのかかわりの場面からしょうまさんへの願いを込めて本を選んだということがわかります。絵本をプレゼントしたゆうきさんと絵本をプレゼントされたしょうまさん二人のかかわりが深

図9　ゆうきさんからしょうまさんへ

まっただけではなく、しょうまさんにとっては、ゆきさんとのかかわりを見つめ直すきっかけになったようです。

りえこさんからきょうへいさんへの絵本のプレゼント

　この時期家庭が落ち着かず、不安定な状況にあったきょうへいさん。学習になかなか集中することができず、授業中に床に寝そべったり、教室を飛び出したりすることも多くありました。そんなきょうへいさんに本実践を通して、さまざまなかかわりあいの中で「みんながあなたのことを見ているよ」「ひとりじゃないんだよ」ということを伝えたいと考えました。

　りえこさんは、いつもきょうへいさんに優しく声をかけてくれ、さまざまな場面でサポートをしてくれます。そのりえこさんが絵本をプレゼントしてくれました。りえこさんがきょうへいさんのことを思いながら選んだ絵本は内田麟太郎作・長谷川義史絵『ねえねえ』という絵本です。選書の理由としてなるみさんは、

　おとこのこがおばあちゃんにないしょないしょにおとなりのえみちゃんがすきってちいさいこえでいっているとおもうんだけど、おとうさんにもおかあさんにもきこえているところがすこしかわいくてきょうへいさんににてるかなとおもったからです。

とワークシートに書いていました。内緒話をしているのにそれが周りの人にも聞こえてしまっている絵本の主人公のかわいらしい姿が、りえこさんには普段かかわっているきょうへいさんの姿と重なって見えたようです。

その頃、心にいっぱい淋しさと痛みを抱えたきょうへいさんは、おたがいに絵本をプレゼントし合う研究授業の日も教室を飛び出していってしまい、授業に参加することができませんでした。しかし、きょうへいさんに絵本をプレゼントしたりえこさんだけでなく、同じグループの子どもたち全員が、教室の外にいるきょうへいさんに聞こえるように大きな声で自分が書いたワークシートを読み上げるなど、授業の終わりまできょうへいさんのことを意識して、同じグループの仲間として授業に臨んでくれていました。

これもまた、絵本を介して生まれた児童同士のかかわりあいであり、きょうへいさんを中心に生まれたかかわりあいが、教室全体を優しく、温かい雰囲気にしてくれました。

その日、授業に参加することができなかったきょうへいさんでしたが、翌日、りえこさんがプレゼントしてくれた絵本を手渡すと、すぐに絵本を開き、読んでいました。りえこさんが書いたワークシートにも目を通したきょうへいさんは、「ぼく、たっちゃん（絵本の主人公）に似てないよ！」と頬を膨らませていました。でも。その表情には絵本をプレゼントしてもらった嬉しさがにじみ出ていました。

うららさんからお母さんへの絵本のプレゼント

友だち同士で絵本をプレゼントしあった後に、お家の人にも絵本のプレゼントを行いました。お家の人へも友だちにプレゼントした時と同じように、66冊の絵本の中から、お家の人に合う本を選び、プレゼントしました。

うららさんはお母さんに、サム・マグブラットニィ作・アニタ・ジェラーム絵『どんなにきみがすきだかあててごらん』をプレゼントしました。うららさんは選書の理由として、

> いもうとがいておかあさんはいそがしくておかあさんにどんなにおかあさんがすきだかあててごらんといえないからこの本にしました。

とワークシートに書いていました。学校でも周りから頼られるしっかり者のうららさん。お家でも妹の良きお姉ちゃんでいなければいけないという思いが強くあったのでしょう。お母さんに甘えたくても甘えられないことがあったようです。普段、面と向かってはお母さんに伝えることのできない思いを絵本を介することで素直に伝えています。

うららさんのプレゼントした絵本、

図10　うららさんからお母さんへ

ワークシートを読んだお母さんは、

> 本のプレゼントありがとう。デカウサギもチビウサギもすなおにじぶんのきもちがつたえられてうれしいね。お母さんはひろ（妹）がいてもうららのことがだいすきだよ。うららはやさしくておかあさんがつかれていたら「がんばれ」っててがみをくれたり、おりがみをくれたり、うれしいです。うららからの「すき」もききたいです。

と手紙に書いています。うららさんからプレゼントされた絵本、ワークシートを読み、うららさんの素直な気持ちに触れたお母さんは、温かい言葉で思いの溢れる返事を書いてくれました。普段思っていてもあえて口にすることのない「すき」という言葉、思っていてもなかなか伝え

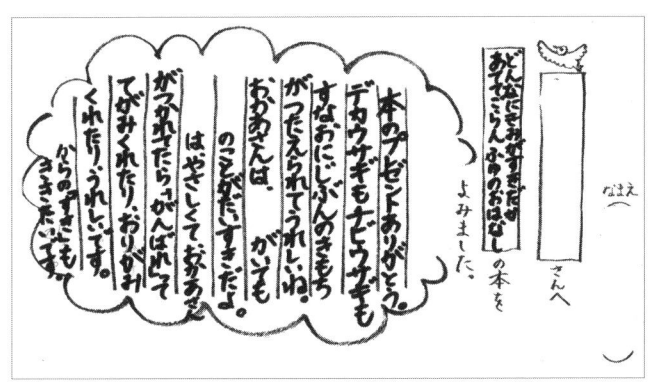

図11　お母さんからうららさんへ

ることができない「すき」という気持ちを絵本を介することで伝えあい、おたがいの気持ちを確かめあい、親子の絆をさらに深めている様子が伝わってきます。

おわりに

　本実践では、絵本をプレゼントしあうという活動を通して、本をプレゼントする人のことを真剣に考え、願いをこめて本を選ぶこと、自分のために願いのこもった絵本をプレゼントしてもらうことで、多くの本に触れ、本に親しみ、読書の楽しみを味わうことができました。また、絵本をプレゼントしあうことを通して、子ども同士のかかわりにおいて、新たなかかわりが生まれたり、これまでの関係性が深まったりする場面が多く見られました。

　絵本をプレゼントしあった子ども同士だけではなく、他の子どもとのかかわりをも豊かにしてくれ、学級全体に優しく、温かな雰囲気をつくり出してくれました。普段なかなか伝えられない思いも絵本を介することで素直な表現で伝えることができ、友だちから自分へと向けられたメッセージを素直に受け取ることができました。絵本は人と人を豊かに結びつけてくれます。本実践を通して感じた読書の楽しさ、絵本をプレゼントしあう際に感じた温かい気持ちが今後も子どもたちの中に残り、これからも読書活動、他者との関係づくりを豊かなものにしていってほしいと願っています。

（前花かほり）

第4章

教師文化をつくる

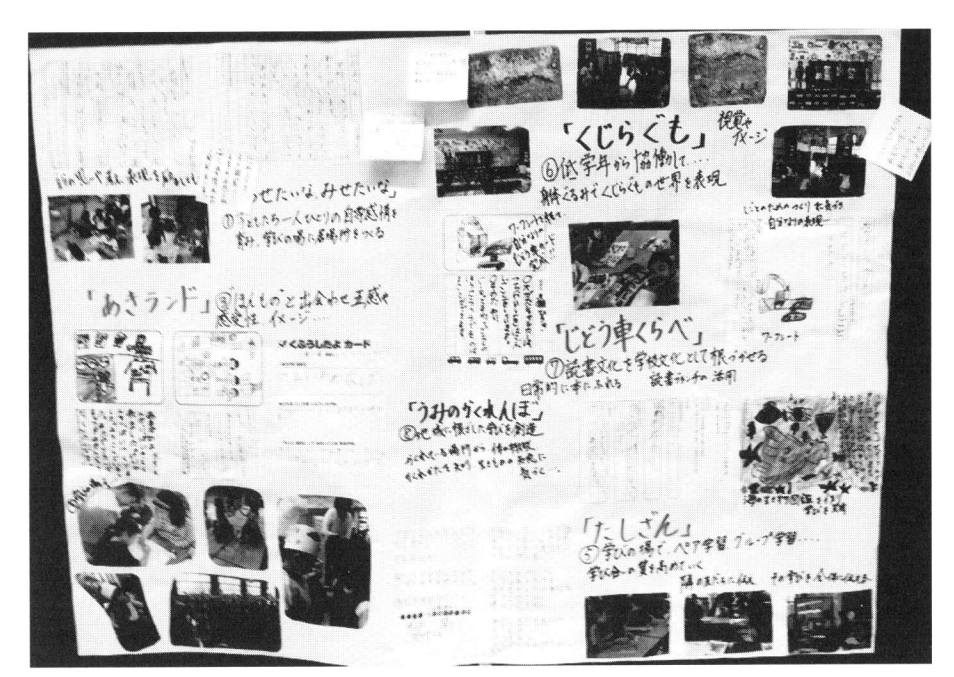

1年間の子どもの学びの足あとを喜びあう校内研

本章は、琉球大学と八島小学校との共同研究によってどのような教師文化がつくられてきたのかを、授業研究会の持ち方、そこでの教師の学びという観点から述べます。また、どのように大学教員がかかわっていったのかという点についても紹介したいと思います。多くの実践研究の書籍が出ていますが、具体的な大学教員、学校現場のそれぞれの苦悩や協働のあり方に言及されているものは少ないのではないでしょうか。少しでも共同研究のしんどさや難儀さにも触れることで、大学教員と学校教師とが協働して文化を形成していく過程をふりかえり、その難しさについて考えていきます。

第1節　教師の学びを育む授業研究会

1．「しんどい研究授業」から「楽しい研究授業」へ

　研究授業、授業研究会というと、学校によってさまざまでしょうが、教師の力量・技術がチェックされる場所として、先生方が受け止めている場合も多いと思います。研究授業はとにかく大変なことで、「教師も子どもも変な姿を見せられない」「指導案通りにきれいな授業をしなければならない」というプレッシャーを感じる教師は少なくないでしょう。また、授業研究会では、教師のふるまいの一つひとつがチェックの対象となり、できなかった点、課題点のみが指摘される場となっているケースも聞きます。数多くの先進的な研究、これまでの豊かな教育実践と教師文化があるにもかかわらず、教師が「しんどい場」として研究授業、授業研究会をとらえていることは残念な事だと言わざるを得ません。

　しかし、八島小の共同研究を通じて、先生方から「研究授業やりたい！」という声があがるようになりました。ある先生は、「研究授業をやれば、たくさんの目で子どもたちを見ることができ、たくさんの子どもがほめてもらえる。だから研究授業の場はとてもありがたい」という話をしていました。研究授業という場が、子どもにとって豊かな学びが生まれる場というだけではなく、子ども自身が多くの教師からエンパワーされる場になっていったのです。その積み重ねの中で、先生方は「研究授業やりたい」、「琉球大学の先生との授業づくりは楽しい」という実感を深めてきました。研究主任をしたある先生は、共同研究の核には研究授業、大学教員との授業づくりが大きかったと語っていました。赴任して一年目に取り組んだ国語の授業づくりのプロセスを次のように語ってくれました。

　　クラスで、さわいだり、はっちゃけたりしてしまう子に対して、呂里先生が「この子を支えるような机の配置ができたらいいね」と言われ、これまでクラスをトータルでまとめるこ

とを考えていた自分に気づかされ、一人ひとりの子どもたちへの関わり、支援の積み重ねによって解決していくことを改めて確認することができました。その上で取り組んだ単元「わたしはおねえさん」授業では、物語文に共感できるような具体的体験を出すことになり、これまでにない授業をすることができました。

このような語りから、研究授業が教師としての学びを生んだこと、それは特定の授業技術や方法論を学びとることではなく、「子どもを見る視点」や「授業とは何か」という普遍的なテーマを実践的に考えていく営みであったと言えます。

その学びを分かちあう場面が授業研究会でした。この先生は、「授業づくりの経験があって、研究主任として授業研究会の持ち方、何を共有するのかというイメージをつくることができました。そのような学びを琉球大学の先生と追求してきたのが授業研究会であり共同研究だったと思います」と述べています。

このように「授業者の学びを分かちあうこと」を大事にし、「授業者が元気になれる授業研究会とは」を追求していく中で、ワークショップ型研修を取り入れ、その中での議論の方法についても研究をしてきました。先生方が「役に立った」「いい話が聞けた」「役に立つ資料が手に入った」という実感だけでなく、「子どもがもっと好きになる」「もっと子どもたちにかかわりたくなる」、そんな意欲の高まりが授業改善につながっていったと感じています。教師は子どもに元気をもらいます。月並みな言葉ですが、子どもの姿を通じて教師は仕事のやりがいを感じ、展望を持てます。これが、八島小には教師文化として根付いていました。それが「豊かな学びをつくる10の指針」の中で提起した「八島小の特色ある伝統的な教師文化を大切に継承していく」ということです。八島小には、学年を越え、皆が子どものことについて語りあう文化があります。子どもたちの名前が具体的にたくさんあがり、生活背景、日々の学習の様子、うれしいエピソードなどが語りあわれています。子どもたちの反応、行動をともに喜びあい、時には悩みを聴きあうことが、子どもたちを支えています。教師同士の休憩時間、放課後での他愛もないおしゃべりに見えるこの空間が、子どもたちを支えるための重要な情報共有であったのです。この「教師文化」を、どうにか授業の中でも、授業研究会のなかでも大事にできないかと大学教員が一緒に悩んできました。大学側が何か効果的な方法として授業研究会の改善をつくりだしたのではなく、八島小学校の豊かな教師文化に依拠し「授業研究会」を改善してきた結果が、「豊かな学びをつくる10の指針」で提起した「子どもたちの学びの姿から出発し、『豊かな学び』を真摯に協働で探求し、学びあう授業研究会」なのです。

このような流れは、この共同研究オリジナルなものではありません。秋田喜代美（2007）は、「学びの専門家としての教師」として、専門家集団として授業実践を通じて、授業に関する考え方や推理の仕方、語り方、教え方等について議論しあっていく必要性について述べています。その中で事例からの学びによって実践知を獲得しいくプロセスを、「教

育探究のアクションリサーチ」としています。そのために校内研修は、「効果的伝達モデル」から「協働構築モデル」へと転換していくことが必要と指摘しています。「協働構築モデル」での授業研究のあり方として、「子どもたちの動きとつぶやき、発言のつながり、核となる学習や教材と活動のつながり」が検討会で語られる内容とされています。(秋田喜代美2007：211)

　また、佐藤学(2015)が指摘するように、教師の専門家としての像が「教える専門家から学びの専門家へ」と変化しています。その中で、授業研究のあり方についても、自身が実践してきた「学びの共同体」から「教師の教え方から子どもの学び方へと焦点を移し、固有名をもった子ども一人ひとりの学びの活動と関係を研究し、質の高い真正の学びと協同的学びの実現を志向」(佐藤学2015：101)していくものとしています。そして授業研究を教師の専門職性を開発する場として、「学びのデザイン」「授業実践」「学びのリフレクション」という三つの活動が循環し続ける学びの必要性を説いています。

　このような動向を踏まえつつ、あくまで現場に依拠した共同研究をすすめてきたのです。

２．共同研究の難しさと八島小の抱えていた課題

【共同研究の土台をつくることの重要性】

　八島小学校の共同研究をはじめる際、多くの先生方が不審な目で大学教員を見ていました。「何をチェックされるのだろう」「仕事がふえるのではないか」という漠然とした不安が先生方の中にはあったように思います。公立の小中学校で勤務した私自身の個人的な経験からも、大学教員は自分の研究データをとるために学校に来て、そこにいる子どもたちにとっての意味を考えず(と現場にはうつる)無理難題を言う、子どもたちは実験データとして利用される、大学のせいで貴重な時間が奪われるというイメージがありました。そのため共同研究をスタートさせる際に大事にしたことは、「学校の要望を聴く」ことでした。八島小学校との共同研究は、「授業づくり」「授業改善」がテーマでした。そのため、まさに先生方の日々の実践に入ってくるというのは、先生方にとっては「何を言われるのか、させられるのか」「自分たちの至らない点を追及されるのではないか」という恐怖があったと思います。

　この不安と恐怖をどう乗り越えるのか、共同研究1年目の大きな模索でした。八島小の先生にとって琉大教員が突然やってきて指導助言するという形にならないようにすること、あくまで授業づくりのパートナーとして見られることを目指してかかわっていきました。大学教員がクラスに入り、時間をかけて子どもたちの様子を観察し、子どもとふれあうことでクラス担任と子どもの実態を共有する努力をすすめてきました。指導案検討会は、出来上がった指導案にアドバイスをするのではなく、ゼロから単元構想、授業構想を授業者、研究主任らと集団で検討していきました。そして授業研究会では指導助言ではなく一

参加者として、子どもの学びの様子や子ども同士のかかわりあい、子どもの作品や表現の読み取りを語ってきました。そこでは子どもの具体的な学びの姿、成果をほめていきました。このような場を継続していくことで先生方の大学教員に対する見方が変わってきました。それは「大学教員は、意外（?）と子どもを見ている」ということでした。子どもの様子を語る姿への共感が、大学教員を一緒に授業をつくるメンバーとして認識しはじめたのです。そうすることで、大学教員の授業をみる目線（子どもの学びを中心に授業をみていくこと）に対しても共感が生まれるようになりました。このような地道なプロセスを重ねることで、八島小の先生方から「一緒に授業やってみたい」という気持ちが芽生えるようになりました。

　このことは、保護者に対しても同様でした。大学がかかわっていることを保護者にも伝えるために報告会の講話を設定しました。そこでは、大学教員が啓蒙的な話をするのではなく、先生方が保護者に伝えたいと思っている子どもの豊かさ、良さを出してもらい、それを一緒に選び、保護者に伝えたいメッセージを聞き取りして講話にしました。このことは、保護者もエンパワーすることにつながりました。以下は保護者の書いたアンケートの一部です。

・一見、フツーに書いたような子どもの日記でも、専門の方から見たら、"キラリ"と光る何かがあるんだナ〜とおどろきました。「八島っこはすごい！！」とほめられたようでうれしかったです。
・子どもたちが書いた、ちょっとした文や絵から、ものすごい深いところまで読み取り、その子のいいところを認めてあげているので、素晴らしいなーと感心しました。やっぱり、家でのコミュニケーションや対話、ゆんたく（注　おしゃべり）が大事！！っていうことをあらためて考えさせられました。
・本日からコメントを書き始めているが、子どもが思っていた以上に喜んでいる。我が家では添い寝をしているのですが、消灯直後お互い「今日のうれしかったこと」と「反省点」を告白しあっています。

　このように共同研究として授業改善、授業研究会の改善を一緒に考えていくための土台づくりに多くの時間と労力が必要でした。共同研究の1〜3年目くらいまでは、一緒に研究授業をした人が「授業づくり楽しい！」「授業研究会おもしろくなってきた！」という実感を得られるのが精いっぱいでした。しかし、その先生たちが授業研究会の議論をつくりはじめるようになるまでには、授業研究会の工夫を積み重ねる必要性がありました。

【授業研究会をめぐる八島小の課題】
　共同研究が始まった時、八島小のなかで課題とされた研究授業と授業研究会のあり方

は、「授業をみる共通のポイントがない。共通のポイントとしてつくったのは、レーダー
チャートによる1～5段階のポイント評価のみ」であること、そして「授業者の反省、全
体での協議、指導助言という研究会のつくりの中で、常に発言する人が限定される（特に
若手教師が授業に関する疑問などを聞くことは難しい）」というものでした。

```
5＝十分できていた      4＝だいたいできていた      3＝ふつう
2＝やや不十分      1＝不十分

①  指導内容は適切だったか。                    5  4  3  2  1
②  発問は適切だったか。                        5  4  3  2  1
③  児童は興味関心を持って学習していたか。      5  4  3  2  1
④  個人にも配慮した指導をしていたか。          5  4  3  2  1
⑤  学習形態の工夫はなされていたか。            5  4  3  2  1
⑥  準備物は適切だったか。                      5  4  3  2  1
⑦  ワークシート等の活用は適切だったか。        5  4  3  2  1
⑧  評価は適切に行われていたか。                5  4  3  2  1
```

図1　以前に使われたレーダーチャート

上記のようなあり方では、

☆指導方法の善し悪しを協議するだけでは授業改善にならない

☆「自分ならどうする」「具体的な改善方法」が出し合えない

☆一人ひとりの毎日の授業の改善につながらない。授業者は学べても他は評価者とし
　てしか存在していない

☆何より授業研究会に子どもの様子が具体的に語られず、授業が何をもって成功か失
　敗かを判断することができない

という問題を生むことが指摘されました。レーダーチャートにしても数値化されるという
点では客観性を持っているように思えるのですが、「発問は適切だったか」に1が多くつ
けられても授業者は「何がどう悪かったのか、どう変えることができたのか」を具体的
に考えることはできません。子どもの授業を構想する時と同じく、全員が参加でき全員
にとって「学び」（教師としての授業改善につながる、授業観を変えるきっかけとなる、教材研
究の視点が広がる、子どもの見方が変わる等々）のある場に変えることで、結果として一人ひ
とりの授業が変わっていくのではと考えました。

3．ワークショップ型研修のあゆみ

　授業研究会の課題を受け、ワークショップ型研修に変えることにより課題の解決を図る
こととしました。ワークショップ型研修を取り入れる意義は次の点にありました。

> 1．少人数でのワークショップにより全員が参加できる授業研究にすること
> 2．一人ひとりが授業に対して具体的な疑問点、改善点、評価を出せるようにすること

　そしてワークショップ型研修をすすめることで、一人ひとりが子どもの実態を具体的に出し合い、そこから授業改善のヒントを見つけることができたらという思いで大学教員もかかわることにしました。琉大教員にとっても八島小の子どもの実態が見えない中で、授業改善をすることはできないし、ノウハウやハウツーのみで授業改善が行われ子どもの「学び」が豊かになるわけではないという考えでした。まずは一緒に「八島っ子」の姿を共有するということからはじまりました。

【はじめてのワークショップ「全国学力・学習状況調査分析会」】
　一人ひとりが感じている子どもの実態をポストイットに書き出しました。そのうえで関連する課題、授業改善の方向性を考えていきました。

　この時のワークショップでは、一人ひとりが自分のクラスの子どもの実態をしっかり書くことはできませんでした。しかし、少人数で話をしていると、次々と子どもの実態（一人ひとりが感じている子どもの評価や授業の様子）が出てきます。出された子どもの実態を整理していくことが大学教員の役割でした。担任として毎日接している子どもの様子、特に気になっている子どもの姿はみんな持ってお

図2　分析会の様子

り、その多くは日常的な教師同士のコミュニケーションの中で共有されていました。しかし、校内研修の場の中でそのことをクラスの課題として出し合うことはされていないようでした。この課題こそが「本当に授業改善、手を打たなければいけない」ことであり、そこから研究授業がつくりあげられる必要性（もっと言えば、校内研究のテーマ設定）があることが共有されるようになりました。

【半年後のワークショップ「クラスの成果と課題を共有する」】
　このようなワークショップ型研修を繰り返していくことで、子どもの学びや授業の様子を出し合えるようになってきました。大学教員も子どもの姿が少しずつ把握でき、子どもの現状、半年の変化を共有することができるようになり、子どもの変化や姿に共感することができるようになってきました。

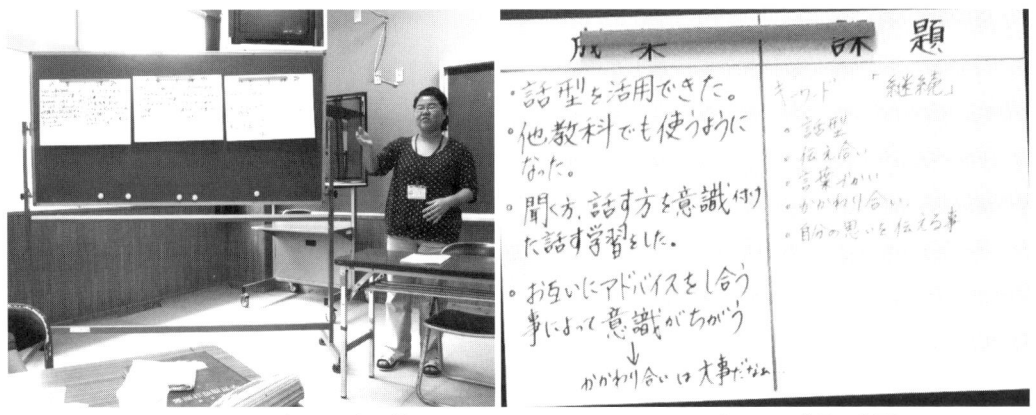

図3　ワークショップでの発表の様子　　　　　　図4　書かれた成果と課題

　研究授業のワークショップになると課題がありました。それは「教師の授業を見る視点」の問題です。教師が授業を見る視点が、「教師の指導内容」中心になっていました。参観する教師が、授業者の板書、発問などに目が行ってしまうのは当然のことです。もちろんそこにも授業改善のカギはあります。しかし、本質的に授業が子どものために行われ、子どもの学びの豊かさによってその評価が問われる場合に、授業中に子どもたちはどこで疑問を持ち、誰の発言がきっかけとなり理解したのか、グループでどんな意見が出て考えを変えたのかなど、子どもの様子を追っていかなければ見えないものがたくさんあるはずです。当たり前のことであるにもかかわらず、「子どもの実態から教師の指導の在り方、意味」を出し合うことの難しさがありました。図5をみてもわかる通り、「子ども」の部分の付箋紙は少ないのがわかります。やはり教師のまなざしは教師自身の行動にあることがわかります。

　しかし教師は子どもの姿をまったくみていないわけではありません。もちろん「指導上の課題」を子どもたちの様子から見つけています。問題は、クラス全体の雰囲気などから判断してしまい、一人ひとりの子どもの反応から子ども同士の関係をみるということができていないのです。一斉授業の授業者の目線ということができるかもしれませんが、「クラス全体に目配せ」することが習慣づいているということもあります。

　このような中、「授業でチェックするグループをわりふる」などの工夫をしながらワークショップを継続してきました。

図5　ワークショップでつくられたまとめ

【3年目のワークショップ「1年間の成果をまとめる」】
　3年目の12月、今年度の子どもたちの成長を評価しあうワークショップを実施しまし

た。ここでは、「良いところをほめあう」ことを目的に担任一人ひとりが子どもたちの変化、うれしかった作品を持ち寄りました。それをワークショップの中で、説明しながらまとめていきました。

その中で大事にしたことは「子どもの変容」でした。1学期の校内研修の中で出された

さまざまな「気になる子」や「きちんと指導したい子」がどのように変わってきたのかをノートの変化や作文の変化で見ていきました（校内研修のテーマが「書く」でしたので、書いたもので評価しました）。その変容を、各自が1クラス1クラスの作品を賞味し、ほめるコメントをつけていきました。そうすることで、みんなで子どもの姿を喜び合う場面ができ、付箋紙のコメントに担任は自信を持つことができました。

ここではワークショップという手法が学びあいをつくっているのではなく、「子どもの学び、成長を喜びあう」ということが教師の学びあいに重要であると共通理解されてきた

図6　子どもの作品をほめあう

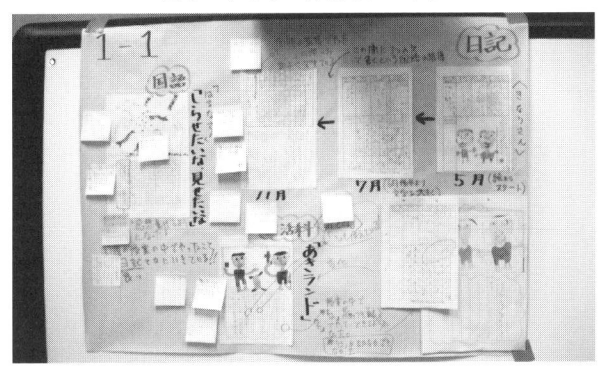

図7　ほめるコメントが貼られたクラスのまとめ

ことがポイントです。これは、授業研究会の中で積み重ねてきたことであり、「これをすれば変わる」というものではありません。

ただ、研究授業の中では前述したように、「授業の中でグループ等を指定し、子どもの学びを追うように授業観察する仕掛けをつくる」ことや、その他に「研究授業の前に指導案ないしプリントに今日の授業のポイントは何かを書くようにする」という努力を研究主任が行ってきました。また、付箋紙の種類や書き方に関しても毎回検討しなおしてきました。当初は教師の指導の工夫と子どもの変容を分けて付箋紙を考えていました。しかし、そうではなく「子どもの変容と指導の関係を意識すること」「子どもの課題にはどのような教師の指導が必要だったのか」を考えることで、一人ひとりが授業者という立場に立ち、改善案を考えることができるようにしてきました。そのことを表すのが次の資料です。これはある授業研究会の進め方の提案です。

このように視点を明確にして授業研究会が実施され、改善についても具体的な指摘がされるようになってきました。

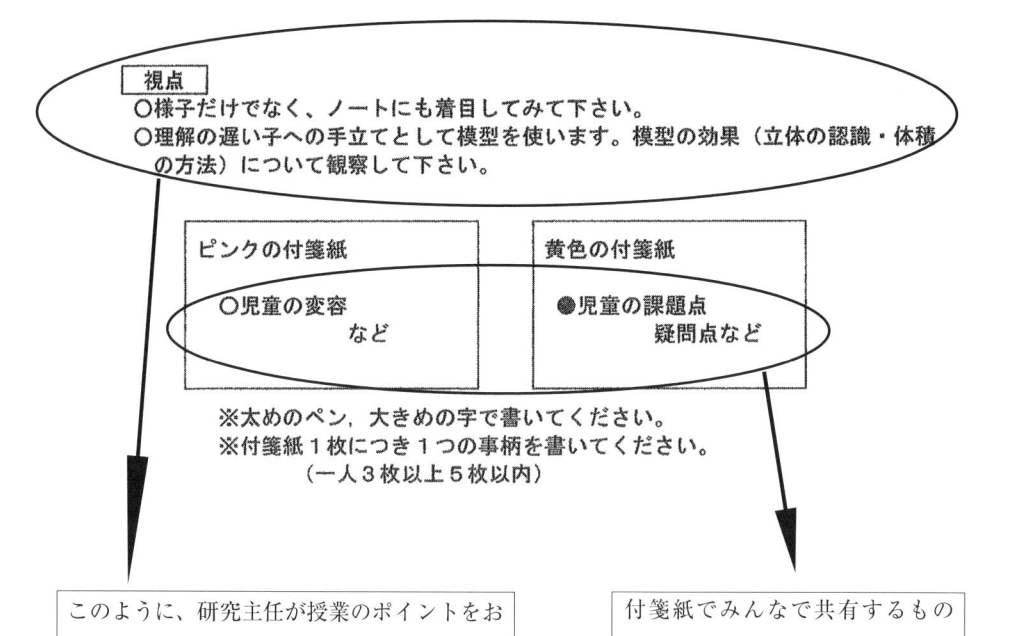

図8　研究授業に提示される視点

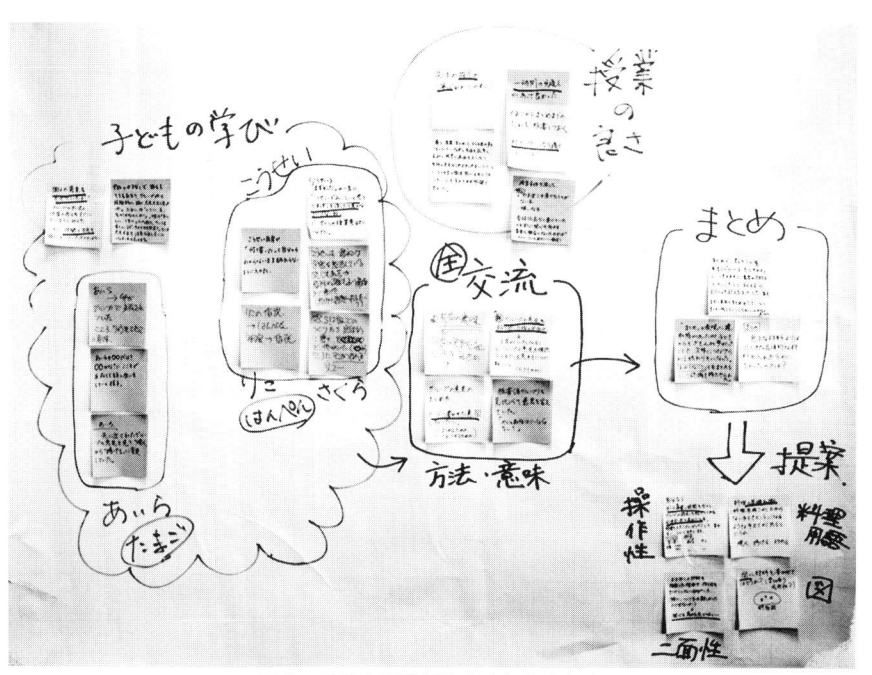

図9　子どもの姿が共有されたまとめ

4．ワークショップ型研修を充実させるために──核は授業づくり

　現在、ワークショップ型研修が各地で実施されています。時間の持ち方、付箋紙の方法、ファシリテーターの役割などさまざまな工夫が実施されています。八島小の授業研究会を通じて学んだことは、大事にすべきはワークショップという形ではなく、子どもの姿、成長を喜び合うこと、そこでの教師一人ひとりの頑張りを評価していくこと、それができる教師集団をつくることでした。子どもの変容に着目するようになることで、授業をみる視点が変わり自身の授業づくりの視点が変わってくるということです。教師の指導に着目して授業を観ることから、子どもの姿（表情、発言、ノートなど）に着目し授業を観るようにすることです。

　そのため、授業研究会では、授業者が「何が学びの中心になるのか」「子どもが思考する場面はどこか」「子ども同士がかかわりあい、学びあう場面はどこか」を具体的に設定し、そのポイントで授業を見ていくことは、授業研究会を「子どもの学びのプロセス」を明らかにするうえで有効な方法でした。このためには、大学教員との授業づくりが大きなカギとなりました。これまで指導案をみてもらうという文化（とくに研究授業の際、指導助言にきてもらうために事前に指導案の提出が必要であるため、当初は大学教員に対しても指導案の添削のイメージがあった）の中では、上記のようなポイントの設定は困難でした。単元づくり、子どもの学びを中心にした授業デザインを一緒に考えていくことにより、授業で見てほしいポイント、検証したいことをつくってきました。ワークショップ型の研修を充実させるためには、何より教師一人ひとりが授業をつくりだすという経験を重ねていくことが不可欠でした。その経験を授業研究会の場で語り、授業づくりを通じて得た経験により他者の授業をみることで、少しずつ授業研究会が変わってきました。大学教員は、事前に研究授業のあるクラスに入り、子どもたちと過ごす時間をとりました。そこで得た子ども理解、担任と共有した子どもの実態から授業をつくるようにしてきました。そうすることで、大学教員自ら子どもの学び、対話の状況について語ることができるようにしてきました。

　また、年度初めや年度終わりに各学級で子どもたちの姿を共有する場面は、各学年の具体的課題や気になる子を把握する上でも、ほめあい、悩みを交換する上でも重要でした。また、子どもの姿で議論するためには、その授業のノートやワークシートを配って、一緒に読み合わせながら子どもの姿を共有することも重要でした。ある先生は、「先輩教師の授業を批評することはできません。しかし、子どもの姿であれば発言することはできます」という話をしてくれたことがあります。授業者の批評をするという行為は、自身と授業者との人間関係によって、そのあり方が変化します。どんなに風通しの良いオープンな環境をつくりあげても、先輩後輩、教師のさまざまな個性の中で自由に思ったことが言えるというのは非常に難しいことです。そのような文化にも配慮しつつ、誰もが、特に若手が自由に感じたことが話すためには、「子どもの話」は有効でした。授業者の指導性を批

判することができない若手にとって、子どもが楽しそう、がんばっていた、こんな話をしていたという子どもの学ぶ姿を語ることは、自由に先輩の授業に対してもものが言える場となりました。また、しんどい子に対しても「なぜできないか」「どうやったらかがやけそうか」を考えるきっかけにもなりました。社会科の研究授業の際、「昔の道具」を学ぶ単元の際になかなか参加できない子どもがいて、「もし漁具があれば、漁業にかかわりの深いこの子であれば参加できたのではないか？」という発言をした先生がいました。みんながその声に共感の声をあげたことを覚えています。その後、漁具の寄付などもあり、小学校の特色ある教材として、昔の道具に漁具を取り入れた授業が行われるようになりました。このように、子どもたちの姿を共有することが、授業改善につながり、地域の掘り起し・教材化にまでつながってきました。

　教師が全員参加し、「子どもを見る視点」「授業とは何か」という教師としての専門性を追求していくための一つの方法として、ワークショップ型研修は有効であったと言えます。

5. 楽しい授業づくりのために──教員の異動を乗り越え文化を継承するには

　4年目以降、ワークショップ型研修を継続しながら共同研究をすすめています。共同研究を継続していくうえでの大きな問題は、やはり教師の異動です。八島小のある沖縄県八重山地区では、4〜5年で異動となります。実践的に核となった先生が異動すると研究授業の取り組み、授業研究会の議論をリードするうえで大きな影響があります。もちろん管理職の交替も同様です。八重山地区を中心に異動している教師であれば、身近にいるため相談し、交流することもできます。しかし、他地区（沖縄本島など）からきた教師の場合はそうはいきません。20名強の教師の中で5名以上異動が行われることがあると、授業づくりをした経験のない学年も生まれ、冒頭紹介したような不安からスタートするということになります。

　共同研究を継続する、特に前年度の成果を継続していくためには、学校の教師同士で豊かに学びあう関係の構築がカギになります。しかし、大学との共同研究という特殊性、ワークショップ型研修の持ち方の特殊性があり、共同研究を経験したすべてのメンバーが、その魅力を語ることができるわけでもありません。そのため、大学教員が一年目にやったような信頼関係の構築、教育観、授業観の共有、子どもの姿の共有と、丁寧に積み上げるかかわりが再度必要になっています。それは八島小の教師文化が成熟していないという問題ではなく、八島小の教師文化の一部に大学教員もいるということだと理解するようになりました。文化の一員として大学教員が協働関係の構築、文化の継承にかかわることが必要になっているのです。それぞれの教師としての育ちを大事にし、八島小のスタイルに対する疑問に一つひとつ答えることが必要です。共同研究がある程度深化すると、関係性のできている教師とそうでない教師とに溝ができます。大学教員は限られたかかわりの中で

授業づくりをせざるを得ないので、どうしてもやりやすい人と一緒にやってしまう（関係性のある人が声をかけるのでなおさらです）傾向が生まれます。そのため、常に新しい職員との関係をつくっていくコーディネートを研究主任、教務主任とともにすすめることが重要になります。それが大学教員としてかかわっていくうえでの大きな配慮となっています。

　離島という制約がありながら、そこで教師文化をつくり続ける、そこに完成はありません。大学教員が文化の一員としてかかわるという立場を持つことにより、共同研究の文化が切れることなくつながっているように思います。研究者というよりも実践者としての役割が共同研究を続けていくうえで重要であったと振り返っています。繰り返しになりますが、大学教員も八島小の教師文化の一部となっています。八島小の先生方からこのような評価を受けるのは本当に光栄なことだと思います。共同研究の成果と教訓を大学教員として語るとするならば、学校現場と大学との協働により豊かな学校文化をつくりあげることができるということ、そして大学教員はその実践に深く関与しなければ文化を創り出すことはできないということ、そして自身もその文化の一部となっていることでしょう。継続していくこと、文化を継承していくこと、そのことへの困難さは引き続き大きな課題です。今後、この共同研究がどのように継続できるかわかりませんが、「教師文化を創る」というチャレンジはまだまだ続きます。

（山口剛史）

参考文献

秋田喜代美『改訂版　授業研究と談話分析』財団法人放送大学教育振興会、2007 年。

佐藤学『専門家として教師を育てる』岩波書店、2015 年。

第2節　共同研究の歩み

はじめに

　ここでは、八島小学校と琉球大学教育学部の共同研究の歩みを紹介します。本書「はじめに」と前節で述べてきたような共同研究の流れを、年度ごとにその特徴について概観します。また、本書であげられた実践がどのような時期のものかをあわせて紹介するようにしています。

　この共同研究は、「沖縄県学校教員の授業力（学びの質）向上を図るためのプログラム」としてスタートし、校内研修を軸にすすめてきました。共同研究として、その時の現場教員の悩みに向き合いながら、「不易流行」の授業づくりを追求してきました。共同研究のプロセスは、現在もさまざまな悩みや矛盾葛藤とともに継続中です。トップダウン的に取り組めるようなわかりやすい方策や先鋭的な教訓がつくりあげられているわけでもありません。

　しかし、八島小学校の教師との協働によりつくられた実践が、子どもにとって「豊かな学び」となり、子どもたちの「自尊感情」を育んできたことは確かであり、共同研究を通じて得られた「豊かな学び」は、流行の方法や指導技術にとどまらない「教育の本質」「授業の本質」への追求の中で生まれたものです。そしてこのような地道な営みの中にこそ、困難を抱えた地域の課題に応える授業づくり、学校づくりへの希望があるのではないかと考えています。これは、研究主任を担当してきた先生方からもよく聞かれた言葉でしたし、本書第2章において吉濱剛先生が述べておられることからもわかります。

　このような営みをふりかえる材料として、共同研究の背景を知る材料として読んでいただければ幸いです。

共同研究のあゆみ

2009（平成21）年度：1年目「共同研究の土台をつくる」

　10月から開始された共同研究は、関係づくりを大切にしました（出発時の琉球大学側メンバー　小田切忠人・辻 雄二・山口剛史・上間陽子・望月道浩・村上呂里）。共同研究をすすめることを了承してくださったのは、大濱民江校長先生でした。まず全国学力・学習状況調査の分析会を行い、子どもの実態を共有しました。研究授業での授業研究会についてワークショップ方式を取り入れ、大学教員がともに学び合い、教師の悩みを聞く場に変えてきました（4章参照）。1年目から学生支援ボランティア、保護者向けの講演会を実施しました。

　石垣市教育委員会と琉球大学教育学部は連携協定を結び、モデル事業として共同研究を位置づけ推進することになりました。

2010（平成22）年度：2年目「日常的な授業改善の模索」

2年目は、前年度の成果をもとに「校内研修を通じた授業改善」「日常的な授業（研究授業を含む）を協働でつくりあげること」に取り組みました。校内研のテーマも「言語活動の充実」となりました。その中で、読書環境整備の重要性が認識され、読書指導に関する講話を行いました。授業研究会のワークショップが恒常化し、子ども一人ひとりの変容を出し合う授業研究会をつくってきました。研究授業だけでない授業づくりにも取り組み、「子ども理解」を軸にしたカリキュラムづくり、「実物」を積極的に活用した授業づくりを協働してきました。

【実践1】命のつながりを紡ぐ「スーホの白い馬」☆2年

2011（平成23）年度：3年目『八島っ子の学びの足あと』発行・「豊かな学びをつくる10の指針」作成

3年目は、「すべての学年の子どもと教師と琉大教員が関わってほしい」という声に基づき、「日常的な授業改善」をテーマに全学年で研究授業に取り組むことになりました。その中で「「つながりを大切にする」「"ほんもの"（文化・実物資料・人材など）と出会わせる」「低学年から協働して、学習事項の"積み残し"をつくらない」などの課題が意識され、また読書環境の充実のための「校内読書ブランチ」に取り組み、学年ごとの単元にあった書籍を選定してきました。共同研究のここまでの成果を『八島っ子の学びの足あと』（報告書）としてまとめ、「豊かな学びをつくる10の指針」を作成しました。

この年から國吉長秀校長先生となり、これまでの共同研究の経過を共有し、引き続きモデル事業として進めていくことになりました。

【実践4】助詞「は」「を」「へ」を楽しく学ぶ☆1年

2012（平成24）年度：4年目「10の指針を授業実践へ」

3年目の日常的な授業改善について、校内研究のテーマを「書くこと」とし、研究を進めました。言語技能習得ということにとどまらず、「学び合い」を深めるために、書いたものの交流について重点が置かれるようになり、「ひとりのことばはみんなのたからもの」を合言葉にしました。修学旅行のサポートがはじまったのもここからでした。

2013（平成25）年度：5年目「10の指針を柱にした共同研究へ」

共同研究の柱として、「豊かな学びをつくる10の指針」を中心に据えた研究にすべきという意見が出され、授業づくりの核にすることになりました。また、貧困の再生産を食い止めるための学びの創造を通じて沖縄県の学力問題に迫っていくという問題意識が共有されました。こうした課題に基づき、「八重山地域の歴史・文化に根ざした授業づくり」「子ども一人ひとりの生活背景・思いを大事にし、学びの場に子どもの居場所をつくる」ことを探究する授業が進められました。修学旅行の取り組みも本格的に進みました。

【実践2】説明文「どうぶつの赤ちゃん」☆1年
【実践5】想像力を働かせ、共に学ぶ「漢字の成り立ち」学習☆トントンミー学級

2014（平成26）年度：6年目「学び合いを中心に据えて」

6年目に発展させたことは、大学授業との協働です。6年の国語授業「森へ」（星野道夫）では、大学の授業でも並行して教材研究と授業づくりを行い、その成果を八島小の研究授業に活かしていきました。また研究授業後終了後、子どもたちが完成させた本の「推薦文」に対して、大学生が丁寧に一つ一つコメントする取り組みも行いました。読書ブランチでは、高学年の読書ブランチ図書を選定・排架するととも

に、「学習に役立つ資料リスト」ファイルを作成し、学年ごとに置くことにしました。

　この年から吉濱剛校長先生が赴任されました。吉濱校長先生より「10の指針を基軸に据える」方向性が提案され、授業研究会を「10の指針」に基づき検証すること、自尊感情育成を学校づくりの根底に据えることが共有されました。

【実践3】海人とともに読む「森へ」☆6年

【実践11】本のプレゼントをしよう☆1年

2015（平成27）年度：7年目「海の学習館構想へ地域に根ざした学びづくり」

　八島小20周年ということもあり、海を活かした授業実践が数多くつくられました。昔の子どもたちの遊びで使われていたミニサバニを教材化したり、海に関わる学習では地域の方をゲストとして積極的に呼んだりと、地域に根ざした学びを創り上げることで、「学びの場に居場所をつくる」ことをさらに実現しようと進めてきました。

【実践7】ミニサバニ乗り☆6年

【実践8】説明文「海のかくれんぼ」☆1年

【実践9】科学絵本「海の生きものがたり」をつくろう☆5年

【実践10】物語「海の命」☆6年

【実践6】大学生と共に学ぶ修学旅行☆6年

2016（平成28）年度～現在：8～9年目「学び合い──創造的に聴くことを通じて」

　8年目からは、引き続き「豊かな学びを育む10の指針」を検証する研究授業を進めています。具体的には、校内研究のテーマである「学び合い」を深めるため、「創造的に聴く」に焦点をあて、子どもたちの学び合いを深めるための指導の工夫、教科指導力の向上に向けた教材研究の深化、自分事として授業研究会に参加するために事前の教材研究の共有、この3点を中心に校内研修を継続しています。

　八島小での共同研究の成果を、八重山管内の先生方にも広げるため、共同研究会の一部を広く公開し、多くの先生方と「授業改善」について学びあう取り組みもはじめています。ここには、この年から赴任された宮良永秀校長先生の「成果を八重山全体に」という思いがありました。共同研究開始の際、教育事務所で共同研究を支えた先生が、共同研究を共に推進する立場になりました。また、大学側メンバーに伊禮三之が加わりました。

　9年目には「八重山学びのゆいまーる研究会」を自主的に立ち上げ、授業づくりを交流し、考え合う場を設定しました。

＊各年度の実践名は簡略化して記しています。

今後の展望

　共同研究には、終わりがありません。異動、退職、そして新規採用。メンバーシップが入れ替わりながら学びの文化づくり、読書文化づくり、学校づくり、教師文化づくりは続いていきます。その困難さは第1節で述べた通りです。しかし、異動する教師が増えていくということは、学びあいのネットワークが学校をこえて地域に広がりつつあるということでもあります。その学びあいの場として、教科をこえて実践について語りあう「八重山学びのゆいまーる研究会」も進めようとしています。モデル校でのどっしりと腰をすえた共同研究と、悩みをもった教師の集う場としての研究会、この二つがうまくかみあうとき、学びのゆいまーるの輪はいっそう豊かになるだろうと夢を膨らませています。

(山口剛史)

おわりに

　以上、貧困問題と学力問題をつなげて展望をひらくために、〈ケアと学び〉を統合する地平を求め、第1章　学びの文化づくり、第2章　学校文化づくり、第3章　読書文化づくり、第4章　教師文化づくりについて述べてきました。今後、取り組むべき課題をあげ、まとめとします。

（1）学びとケアをつなげる実践をさらに積み重ね、共感的知性の育みによる学力保障の道筋
　　　を明らかにする

　今日、困難を抱える地域では学習のスタンダード化など「見えるペダゴジー」への指向が強くあらわれています。これは歴史的に見ても必然性のあることです。これに対し、本研究においては、教科の本質に根ざしつつ、具体的な地域の特色や文化、固有名詞を持つ子どもとの対話を大切に、子どもたちの〈生きる文脈〉（葛藤や願い、課題意識）にひらかれ、支える「豊かな学び」の創造こそが「確かな学力」の定着につながるという道筋を明らかにしました。それは、今日推進されている「主体的対話的で、深い学び」やインクルーシブ教育の内実を豊かにすることにもつながるでしょう。しかしながらその検証はいまだ道半ばです。今後さらなる検証を続けたいと思います。その際には、「情動と認知の往還としての学び」（庄井良信）が重要な拠り所となるでしょう。

（2）地域と共に歩む学校をめざし、地域文化と学校文化をつないで子どもたちの自尊感情を
　　　育むカリキュラム・マネジメントのあり方をさらに深める

　新学習指導要領に向け、学校内外の人的・物的資源を活用し、地域と共に取り組む学校改革が唱えられています。「海の学習館」を核とした教科横断的なカリキュラム・マネジメントはその先駆的な取り組みになるでしょう。子どもたちの自尊感情の育みのために、さらに実践＝学びの足あとを積み重ね、豊かにしたいと思います。

（3）学びの土台への丁寧なケアのまなざしや対話的かかわりを大切にし、全人格的な視野か
　　　ら子どもの学びの姿＝学びの質を見とる教師の力量形成の道筋を明らかにする

　困難を抱える地域における教師教育の課題として、一人ひとりの子どもたちの生きる意味を支える「深い学び」の質に迫る実践的力量を培っていくことが求められます。そのためには実践記録を書き、読み合う場を設けることが大切となるでしょう。

　また、学習のスタンダード化への指向と、子どもの多様な学びの姿との間で揺れる教師の葛藤に丁寧に寄り添い、Narrative Inquiry（NI）の方法論（D. ジーン・クランディニン他／田中昌弥訳『子どもと教師が紡ぐ多様なアイデンティティ——カナダの小学生が語るナラティブの世界』〔明石書店、2011 年〕参照）などに学びながら、教師の力量形成の道筋を

明らかにしていくことが課題となります。

（4）生きづらさを抱えた子どもたちの心の居場所や対話・つながりの場＝ケアリングの場と
　　しての豊かな読書環境デザインと読書活動にひきつづき取り組む

　この取り組みの継承が子どもたちにとって読み書き文化を親しみやすいものとし、自
らの思いや考えを発信する言葉の力へとつなげていくことができるでしょう。

（5）学びのゆいまーるの輪を広げ、学びの文化の継承と創造的発展の道筋を明らかにする

　異動のある教職員集団で学びの文化を継承・創造的発展のサイクルを確立することの
困難に直面し（第4章参照）、その道筋を明らかにすることがつぎなる課題として浮かび
上がってきました。そのためには、実践の悩みや喜び、子どもの学びの姿を互いに語り
合う若手教員、中堅教員、ベテラン教員の学びのゆいまーるの輪＝ボトムアップ的な実
践交流ネットワークを構築していくことが大切でしょう。そしてさらには、その成果を
大学の教員養成に活かしていき、地域全体で学びの文化の質を保障していく仕組みが求
められるでしょう。

（村上呂里）

　　多様な子どもたちにとって、教室・学校が温かく居心地よい場となり、
　　　「命のつながり」を紡ぐ、質の高い豊かな学びが
　　　　生まれる場となりますよう……

　　そのために悩みを分かち合い、支え合う
　　　学びのゆいまーるの輪が広がりますよう……

あとがき

　全国でも有数の離島県である沖縄は、東西約 1,000 キロメートル、南北約 400 キロメートルに及ぶ広大な海域に点在する 160 もの島々から成り立っています。その島嶼の一つである石垣島の市街地の東に石垣市立八島小学校（平成 6 年開校）はあります。その校歌「夢翼」の歌詞そのままに、眼前には果てしなく広がる八重の海原、振りむけば大空にむかって於茂登岳が聳え立っています。

　本書は、そんな南の島の小学校を舞台に、小学校教員と大学教員が 9 年間にわたって粘り強く進めてきた、共同研究の成果の一端を編んだものです。

　「はじめに」で紹介されたように、平成 19 年 4 月に実施された全国学力・学習状況査で、沖縄県は「全国最下位」となり、その結果は、琉球大学の教員養成と学校現場との共同のあり方を再考させることになりました。

　そこで教育学部が中心となり、平成 21 年度文部科学省特別教育研究経費を受け、沖縄県教育委員会をはじめとする関係機関との連携融合事業、「沖縄県における児童・生徒の学習意欲向上にむけた授業力向上プログラムの開発と展開—学校教員の授業力向上と教員養成力強化—」に取り組み、その事業の一つとしてスタートしたのが、この八島小学校での共同研究です。その後、教員養成を通して地域貢献を果たすことが教員養成学部としての第一義であることを踏まえ、平成 26 年度からは COC 事業「ちゅら島の未来を創る知の津梁（かけ橋）」の個別事業の一つとして共同研究を継続してきました。

　これまで本当に多くの先生方と語り、応答する対話を重ね、新たな「授業」を創りだしてきました。それらはすべて「子どもの豊かな学びと健やかな育ち」を願う、柔らかく温かな肝心に支えられたものにほかありません。共同研究スタート時の校長である大濵民江先生、その後の研究を支えてくださった故国吉長秀先生、教育事務所、教育委員会の先生方、学びを支えてくださった地域の方々、共に悩んでくださった先生方、ご理解とご支援をいただいたすべての皆さまに衷心より感謝いたし、厚く御礼申し上げます。そして、ここに登場するすべての子どもたちの幸せな未来を心より願い、そのために今後とも力を尽くす決意とともに筆を擱きます。

2018 年 3 月

本事業を代表して　　辻　雄二

| 編 著 者 紹 介 |

執筆者・共同研究者一覧

沖縄 八重山学びのゆいまーる研究会　（担当箇所、所属）　☆五十音順

新本陽子　【実践 2】【実践 4】【実践 11】共同研究　　　（元八島小学校教員）
神里美沙緒　【実践 3】執筆　【実践 10】共同研究　　　（同上）
小林弘樹　【実践 7】執筆　　　　　　　　　　　　　（同上）
嵩原 要　【実践 9】執筆　　　　　　　　　　　　　（同上）
辻 雄二　【実践 1】共同研究　【実践 5】「あとがき」執筆　（琉球大学教員）
徳嶺恵子　【実践 8】執筆　　　　　　　　　　　　　（元八島小学校教員）
平地竜樹　【実践 10】執筆　　　　　　　　　　　　（八島小学校教員）
前花かほり　【実践 11】執筆　　　　　　　　　　　　（元八島小学校教員）
松本美奈子　【実践 5】執筆　　　　　　　　　　　　（同上）
宮良永秀　「序」執筆　　　　　　　　　　　　　　（八島小学校校長）
宮良弥生　【実践 1】共同研究　　　　　　　　　　　（元八島小学校教員）
村上呂里　「プロローグ」「はじめに」「第 1 章第 1 節・第 2 節」【実践 1】【実践 2】
　　　　　【実践 4】【実践 10】の 3、「おわりに」執筆　（琉球大学教員）
望月道浩　「第 3 章第 1 節 執筆　　　　　　　　　　（同上）
山口剛史　【実践 6】「第 4 章第 1 節・第 2 節」執筆　（同上）
吉濱 剛　「第 2 章第 1 節」執筆　　　　　　　　　　（前八島小学校校長）

編者一覧

村上呂里　琉球大学教授・教育学博士
山口剛史　琉球大学准教授
辻 雄二　琉球大学教授
望月道浩　琉球大学准教授

海と空の小学校から

学びとケアをつなぐ教育実践

──自尊感情を育むカリキュラム・マネジメント

2018 年 3 月 30 日　初版第 1 刷発行

編著者　　沖縄 八重山学びのゆいまーる研究会

村上 呂里

山口 剛史

辻 雄二

望月 道浩

発行者　　　　　　　　大 江 道 雅

発行所　　　　　　株式会社　明石書店

〒 101-0021　東京都千代田区外神田 6-9-5
電 話　03（5818）1171
FAX　03（5818）1174
振 替　00100-7-24505
http://www.akashi.co.jp

装丁　　　明石書店デザイン室
印刷／製本　モリモト印刷株式会社

働くことを学ぶ　職場体験・キャリア教育
若者の希望と社会① 全国進路指導研究会編 ●1800円

権利としてのキャリア教育
若者の希望と社会② 児美川孝一郎 ●1800円

若者と貧困　いま、ここからの希望を
若者の希望と社会③ 湯浅誠、冨樫匡孝、上間陽子、仁平典宏編著 ●2200円

幼児教育入門　ブルーナーに学ぶ
サンドラ・シュミット著 野村和訳 ●2500円

「職業教育」はなぜ根づかないのか　憲法・教育法のなかの職業・労働疎外
田中萬年 ●2800円

非「教育」の論理　「働くための学習」の課題
明石ライブラリー133 元木健、田中萬年編著 ●4500円

新版 学び合いで育つ未来への学力　中高一貫教育のチャレンジ
東京大学教育学部附属中等教育学校編著 汐見稔幸、佐藤学、浦野東洋一、南風原朝和、衞藤隆、苅谷剛彦、市川伸一、酒井邦嘉、今井康雄著 ●1800円

国際セクシュアリティ教育ガイダンス　教育・福祉・医療・保健現場で活かすために
ユネスコ編 浅井春夫、田代美江子、渡辺大輔、艮香織訳 ●2500円

沖縄の保育・子育て問題　子どものいのちと発達を守るための取り組み
浅井春夫、吉葉研司編著 ●2300円

子どもの貧困白書
子どもの貧困白書編集委員会編 ●2800円

福祉・保育現場の貧困　人間の安全保障を求めて
浅井春夫、金澤誠一編著 ●2300円

子どもの貧困　子ども時代のしあわせ平等のために
浅井春夫、松本伊智朗、湯澤直美編 ●2300円

現代日本の「見えない」貧困　生活保護受給母子世帯の現実
明石ライブラリー52 青木紀編著 ●2800円

現代日本の貧困観　「見えない貧困」を可視化する
明石ライブラリー137 青木紀 ●2800円

現代の貧困と不平等　日本・アメリカの現実と反貧困戦略
明石ライブラリー105 青木紀、杉村宏編著 ●3000円

格差・貧困と生活保護　「最後のセーフティネット」の再生に向けて
杉村宏編著 ●1800円

〈価格は本体価格です〉

教育格差をこえる 日本・ベトナム共同授業研究

「教え込み」教育から「子ども中心主義」の学びへ

村上呂里 編著

A5判／上製／278頁 ◎4800円

ベトナム少数民族地域と沖縄は国民国家への《包摂》と《排除》をめぐる緊張関係を強いられ、今日も教育格差の問題を抱えている。本書は「子ども中心主義」の立場から、日本とベトナムで共同授業研究を積み重ねてきた歩みを報告し成果と問題点を明らかにする。

平和と共生をめざす 東アジア共通教材

歴史教科書・アジア共同体・平和的共存

山口剛史 編著

A5判／上製／260頁 ◎3800円

《東アジア共通教材作成》を視野に入れて琉球大学で行われた連続講義をベースに、日本、中国、韓国、台湾、朝鮮民主主義人民共和国の研究者・教員が集った本書は、各国の歴史教育・教育実践をまとめ、今後の平和教育のあり方を模索するものである。

〈価格は本体価格です〉